新装版

東京まちなか

超低山

50メートル以下、
都会の名山100を登る

絵と文
中村みつを

ぺりかん社

目次

東京まちなか超低山マップ
赤羽
王子
飛鳥山
藤代峠
(六義園)
道灌山
十條富士
駒込
田端
大山
日暮里
隅田川
浅草富士
駒込富士
下谷坂本富士
音羽富士
大仏山
白山富士
椿山
権現山
待乳山
東京スカイツリー
三島山
摺鉢山
上野
浅草
高田富士
小廬山
(小石川後楽園)
弁天山
箱根山
総武本線
天神山
(東大久保富士)
水道橋
秋葉原
両国
逆井富士
千駄ケ谷
紅葉山
(皇居)
東京
鉄砲洲富士
富士山
(清澄庭園)
三笠山
有楽町
東京タワー
新橋
愛宕山
千駄ケ谷富士
代官山
西久保八幡山
丸山
浜松町
富士見山
(浜離宮恩賜庭園)
池田山
島津山
目黒
御殿山
品川
大山
(旧芝離宮恩賜庭園)
五反田
新馬場
花房山
品川富士
土佐山
京急本線
東急多摩川線
蒲田
東京湾
羽田空港

荒幡富士
下里富士
(三角山)
志村城山
大泉(中里)
富士
池袋富士
西武球場前
所沢
中里富士
(三角山)
長崎富士
茂呂山
下山口
大泉学園
江古田富士
池袋
東村山
西武池袋線
八国山
江古田
多摩湖
目白
花小金井
上石神井
おとめ山
小平
西武新宿線
山手線
狭山富士
馬の背
高田馬場
国分寺
武蔵境
吉祥寺
中央本線
境富士
紅葉山
成子富士
新宿
武蔵小金井
くじら山
深大寺
金比羅山
浅間山
カニ山
下北沢
騎兵山
府中
東府中
国領
野川
渋谷
西郷山
目黒富士
京王線
多摩川
調布
諏訪山
多聞山
中目黒
登戸
大塚山
小田急小田原線
二子玉川
等々力
自由が丘
向ケ丘遊園
桝形山
飯室山
東急田園都市線
大塚山
等々力渓谷
東急東横線
N

「超低山」の楽しみ方

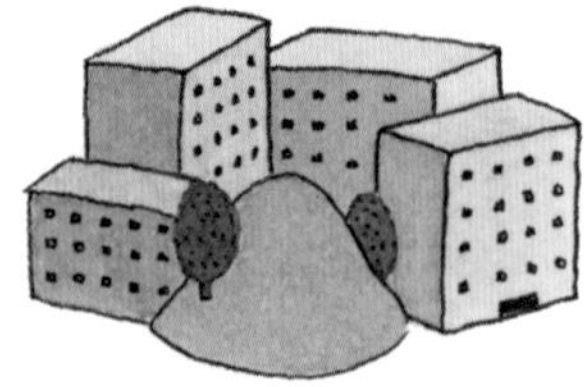

東京という大都会の中にも山があると知ったとき、ちょっとした発見をしたような驚きがあった。

調べていくと、高層ビルの谷間や駅前のにぎやかな商店街、閑静な住宅街の一角などに、東京23区内だけで「山の手百名山」と呼べるほど、いくつもの小さな山が浮かび上がってきた。見ようとしなければ見えてこない都会の山。ぼくはそんな小さな山を「超低山」と名付けて登りはじめた。

きっかけは今から20年ほど前のこと。港区にあった出版社で打ち合わせを終えて、ふと足が向いて立ち寄ったのが愛宕山だった。山頂には愛宕神社が祀られ「出世の石段」がありよく知られた江戸一番の名所だ。近くには東京タワーも聳えている。

愛宕山へは小学校のころに一度遠足で来ていた。お目当ては山上にあるNHK放送博物館の見学。覚えているのはNHKで放送されていた人形劇「ひょっこりひょうたん島」のセットと、効果音に使う小道具など。お弁当は山上広場だったか。

何の気なしにやってきた愛宕山に、そんな子どものころの記憶が蘇ってきて、ちょっと不思議な気分になっていた。鳥居をくぐり、胸を突くような男坂を上がり、山頂でひと息つく。なんだろう、この楽しい感覚。とくに展望がいいわけでもないのに。

さらに新坂を下って、山麓をぐるりと回り込んでいくと、山腹を掘り抜いた見事な山岳トンネルが口を開けていた。

トンネルの向こうは神谷町。どこか懐かしい昭和初期の東京の街並みが山に寄り添っている。トンネル脇には思わず登りたいと思わせる急な西参道がある。曲がりくねった階段を上がっていくと、これまでにない高揚感を覚えた。

それは紛れもなく山の姿に思えた。標高26メートル、境内の池の畔には国土地理院の三角点も設置されている。都会の街並みに囲まれながら、愛宕山は東京の街の「でべそ」になっていた。

都会の真ん中にきちんとした山がある。それはとても不思議な光景に思えた。そもそも山って何だろう。辞典などによれば「周囲よりも高く盛り上がった地形や場所のこと」とある。なんとも曖昧だ。国土地理院でも山の定義はとくにないそうだ。地形図の山名は三角点や標高点などの測量の役割として、また古くからその地域で呼ばれているものが対象になっている。

ぼくが興味を抱いた「超低山」は、それこそ山と呼ぶには足らないもの。「低山」と呼ぶには小さすぎる山だ。定義をするとしたら標高は１００メートル以下、比高（山頂と登山口との標高差）でいえば50メートルに満たないものとした。小さな山なので標高より高低差で見た方が山のスケールがわかりやすい。ちなみに深田久弥の『日本百名山』は、「標高について１５００メートル以上の山を選定基準とした」としている。

平均高低差は10メートルぐらい。登山に要する平均時間は2、3分ほど。短いものだと30秒。あっという間に登頂してしまう。思わず笑ってしまうほど愛しい街の名山。

思えば16歳からクライミングをはじめ、谷川岳や穂高、劒の岩壁を登り、ヒマラヤなどの高地を歩いてきた。そんな今まで向き合ってきた山々とは違う、別次元の

築山

富士塚

スケールのおもしろさ。そう、高さや大きさではなく、趣のある深さを教えてくれた。それが「超低山」だ。

東京都心の「超低山」は大きく三つに分けられる。大名庭園に代表される「築山《つきやま》」。山岳信仰から生まれた「富士塚」と呼ばれるミニチュアの富士山。そして「天然の山」の三つだ。

「築山」は、おもに大名庭園内に人の手で造られたもの。多くの大名は屋敷に豪華な庭園をつくった。その数は1000ともいわれ、江戸市中には壮大な大名庭園が美しさを競った。どれも似たものと思われがちだが、殿様の好みもあって庭園ごとに趣があった。共通しているのは泉水と呼ばれる大池の周囲に園路を設け、築山が造られたこと。庭園に築山は欠かせないアイテムになっていたのだ。

「富士塚」は、江戸庶民に爆発的に流行した富士信仰からきたものだ。富士山の参拝登山は、難行苦行で費用も体力も相当なもの。そこで富士講という参拝登山をするための団体を組織し、選ばれた代表者が交代で霊峰富士に向かった。

一方、憧れはするものの、行けない人のために造られたのが、富士山を模した富士塚。老若男女、誰でも本物の富士に登拝したのと同じご利益が得られるということから、あちこちの町内に競うようにミニチュアの富士山が造られた。江戸後期には「江戸八百八講《はっぴゃくやこう》・講中八万人」と呼ばれるほど富士信仰は一大ブームになった。富士山が広重などの錦絵にも多く描かれたことも、江戸庶民に富士への憧れに拍車がかかったことだろう。

天然の山

富士塚の高さは10メートル前後がスタンダード。その数、都内だけでも50以上が現存している。ミニ富士には胎内と呼ばれた洞穴や、お中道《ちゅうどう》に烏帽子岩、さらに頂には金明水、銀名水に奥宮の祠が置かれ、山肌には黒ボクという富士山の溶岩を貼りつけ、懸命に富士に見立てている。登山道には合目石《ごうめいし》もあり、その気にさせてくれる。

実際の富士山にあるいくつもの名所は富士塚によって味付けが異なるのもミニ富士登山の楽しみでもある。見逃しやすいものもあるので、じっくり観察してみよう。またその姿もさまざまで、千駄ヶ谷富士のような、たおやかなコニーデ型もあれば、ごつごつとした急峻な岩隗の鉄砲洲富士もある。

「天然の山」は都会の街並みに溶け込んでいることから、一見して捉えにくい。あるいは見ていても気が付かなかったりする。代表的な天然の山といえば、愛宕山や王子にある飛鳥山。それにお江戸の香り高い浅草の待乳山と、どれも独立峰の3座になる。寺社や行楽地として大名や江戸庶民がこぞって登頂した名山たちだ。待乳山は正面からだと、石段をそれと知らず上がってしまうが、反対側に回れば切り立った断崖だ。

天然の山でも見方にコツのいる山がある。武蔵野台地から東に向かってヤツデの葉を広げたように張り出した尾根の段丘崖。低地は谷、尾根上は高台という構図になる。都内を歩いていると意外なほど坂道が多く、波打つように高低差を感じるのはそのためだ。

目白台のおとめ山、代官山の旧山手通りにある西郷山、東五反田の池田山など。尾根の片方が急峻な斜面を江戸人は山にたとえた。いわば、見方によって成り立つ

「見立ての山」だ。「見立ての山」は、大名の屋敷にはじまり、元勲や華族、そして実業家たちの別天地として受け継がれた。高台からの眺めは申し分なく、富士山をはじめ筑波山、房総まで眺望できたという。現在でも庭園や公園として残されているのは喜びだ。

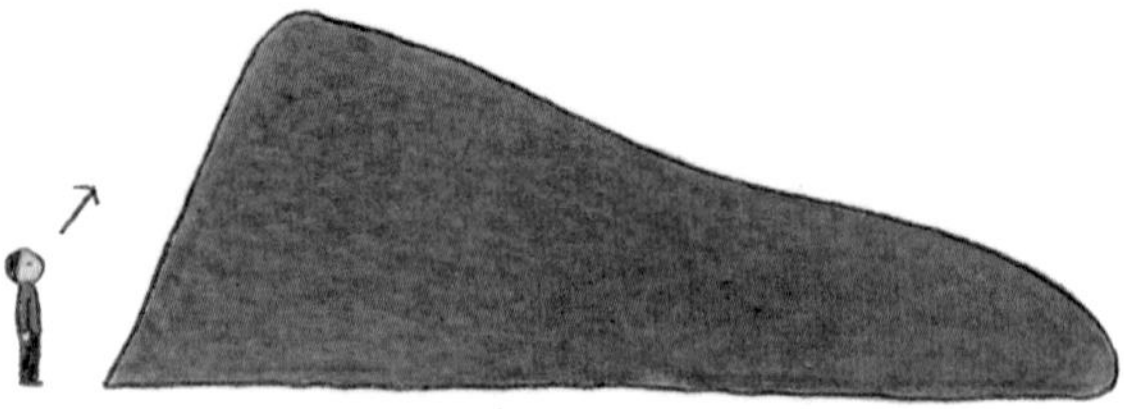

見立ての山

築山、富士塚、天然の山、東京には、じつにさまざまな山があることに驚かされる。江戸が武家社会であったこと、富士山好きな江戸庶民に見守られてきたこと、そして見立ての文化が生まれたこと。江戸東京の山は街に寄り添いながら人びととつながってきた。都会の山は、せいぜい建物の2、3階ほどの高さ。登山に特別な装備はなにもいらない。あるとすれば、より豊かにしてくれる「想像力」かもしれない。

都会の山を歩きながら、見えないその先を想像してみる。今も変わりなく鎮座する山頂に立てば、そこは江戸から東京につながる道があることに気づかされる。

フェリックス・ベアトが愛宕山から撮った江戸のパノラマや、殿様が「あっぱれ！」と褒めたたえた絶景の箱根山など。先人たちが眺めた同じ頂に立って、思いを巡らせれば、きっと何か未来への展望が見えてくるはずだ。

思い立ったらいつでも楽しめる江戸東京の名山。こんなすてきな登山が楽しめる都市はそうはない。

1章

思い立ったらすぐ行ける山

愛宕山

あたごやま

港区愛宕

標高26メートル

天然の山

天然の山としては 23区内最高峰

古くは桜田山と呼ばれた愛宕山は、慶長8年（1603）徳川家康が関ヶ原の戦いに勝利した記念に、火伏の神様として、愛宕神社を勧請したことからその名が付いた。

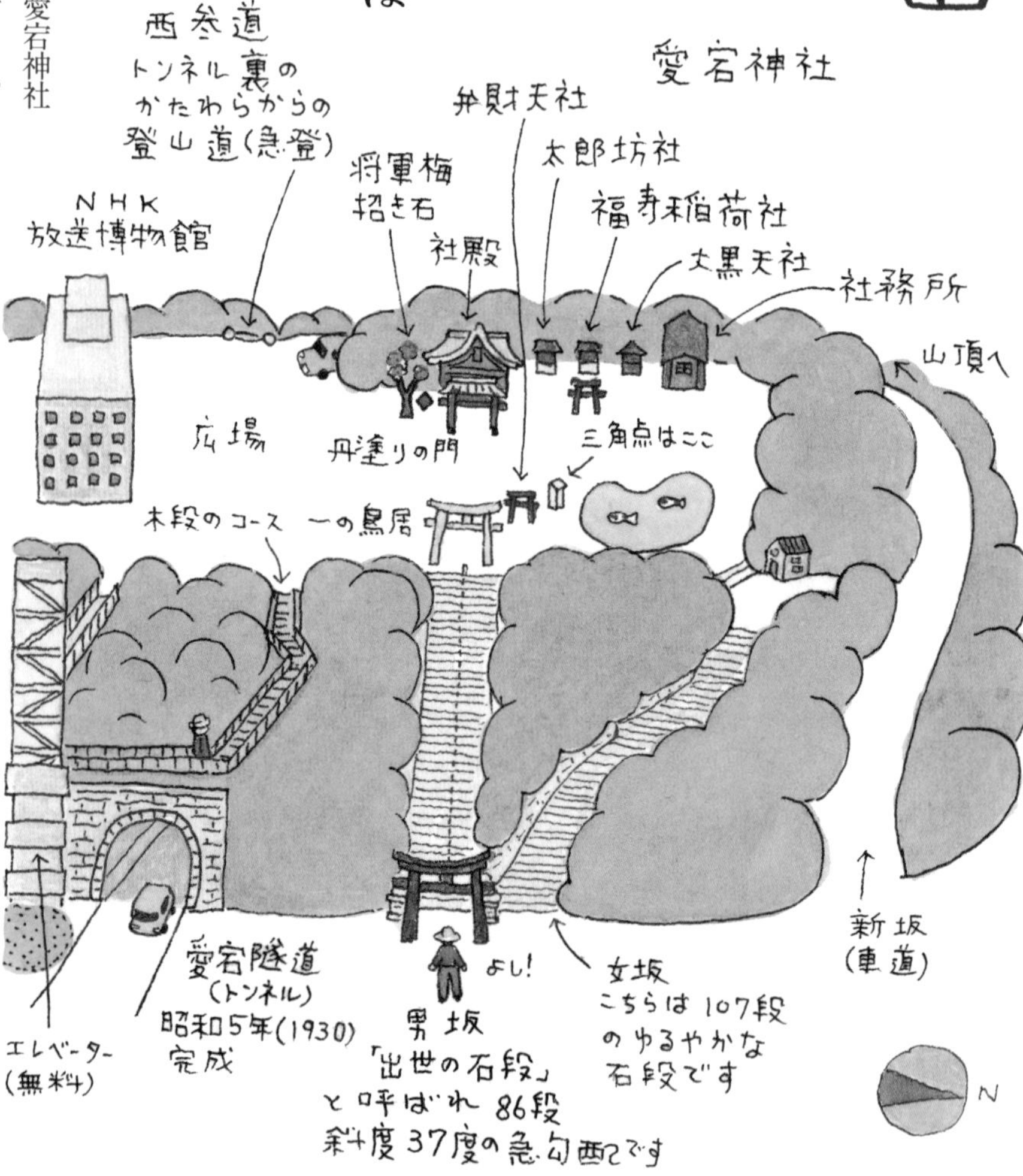

山頂からは江戸湾の先に房総を望み、江戸一の眺望を誇った。幕末に訪日したイギリスの写真家フェリックス・ベアトが撮影した山頂からの眺望と江戸の街並みは、今見ても嫉妬するほど美しい。

愛宕山が一躍名を馳せたのは、ご存知「出世の石段」の逸話だろう。寛永11年（1634）三代将軍・徳川家光のひと言で、勇敢にも男坂の石段を馬で駆け上がり、山上の梅を手折って将軍に献上。喜ばせたのは四国丸亀藩の家臣・曲垣《まがき》平九郎。家光に「日本一の馬術の名人」と賞賛された。以来、愛宕山は武士たちの名所になった。今はビジネスマンが出世を願って石段を上がっていく。

標高26メートルの愛宕山は、天然の山としては23区内最高峰。名跡の男坂、別名「出世の石段」は石段の数86段、傾斜角37度で岩壁のように立ちはだかる。取り付きには、阿吽の狛犬がぐっと睨みを利かせている。「心して参れ」といわれたような気がして、思わず気合いが入る。高低差約20メートルの石段に付けられたクサリは伊達じゃない。その急勾配に怖じ気づく人もいるほど。下りはもっと怖い。

登山道はほかに、緩やかな女坂、車道の新坂、神谷町側からの西参道、さらに東面に設置された愛宕山エレベーターと山腹の木道を加えた全6ルートがある。山岳エレベーターとはちょっと驚きだが、これは再開発の副産物だ。

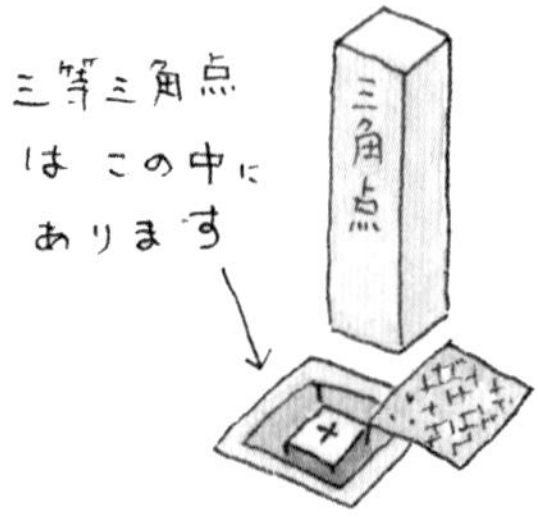

山上では、葵の御紋がある愛宕神社の社殿が迎えてくれる。手前には「出世の石段」に出てくる梅の古木がある。池の畔に「三角点」と記された石柱が立っている。お目当ての山頂を示す三等三角点は、地面の蓋の中に収まっていた。

神社の南側には、明治時代にホテルと西洋料理店を兼ねた洋館「愛宕館」と、5階建ての「愛宕塔」が建てられ観光名所として人気を博したという。

その場所に大正14年（1925）、東京放送局が建ち、ここから日本のラジオ放送が開始された。その後、東京放送局は移転して、NHK放送博物館が建っている。

明治20年代に作られた新坂も趣があっていい

飛鳥山

あすかやま
北区王子
標高25.4メートル
天然の山

江戸っ子たちの花見の名所

飛鳥山が花見の名所となったきっかけは、八代将軍徳川吉宗の思いがあってのこと。当時、享保の

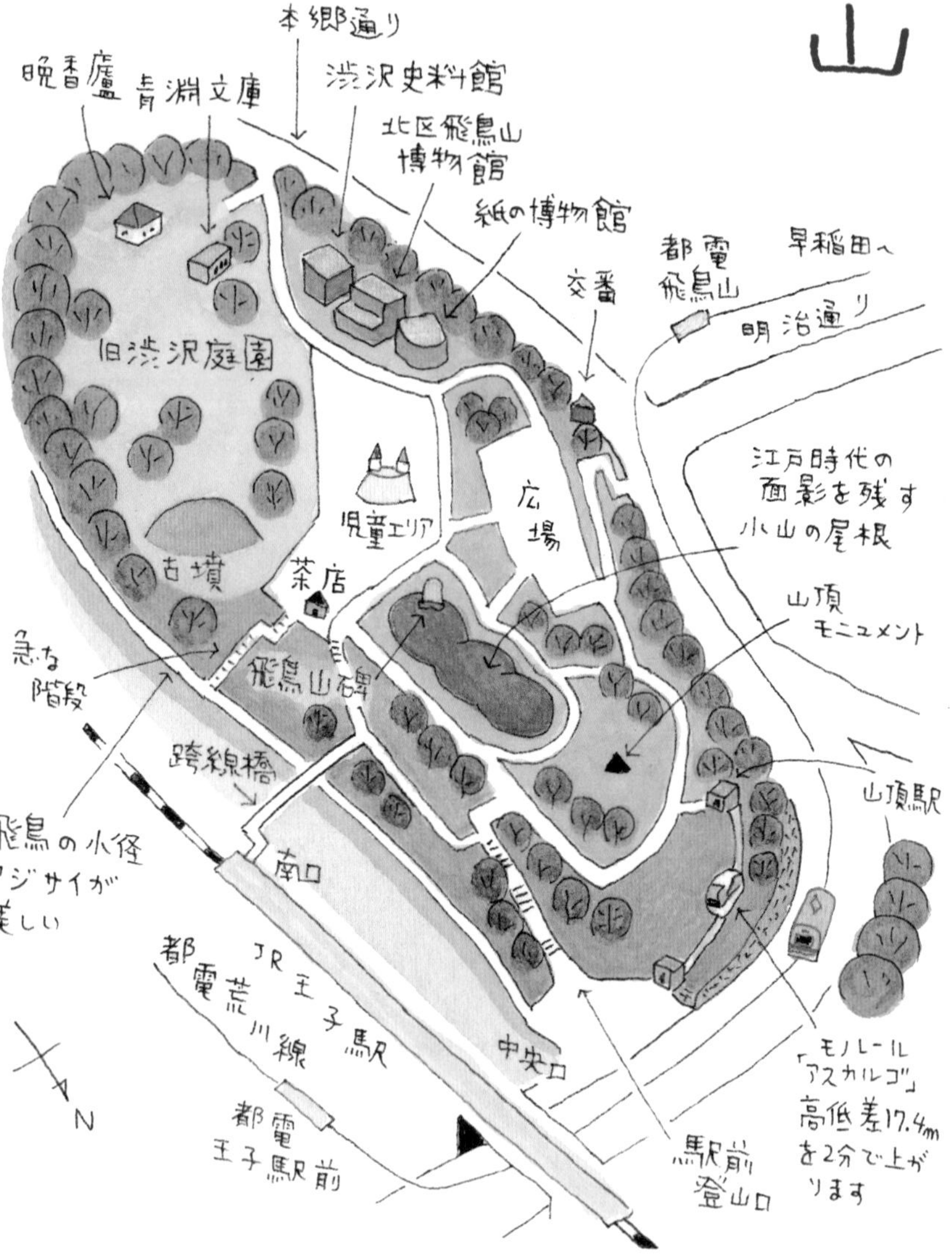

改革で社会に質素倹約を強いていた吉宗は、庶民に娯楽の機会を与えるため、享保5年（1720）、地名が故郷紀州に縁があったことで目をかけていた飛鳥山に、山桜を1270本植えて開放した。さらにみずから宴席を設けて、花見の名所としてアピール。うっぷんを晴らすかのように江戸っ子たちの花見山になった。

王子駅に降り立つと、すぐ目の前に飛鳥山が迎えてくれる。登山口から「アスカルゴ」というモノレールが山頂まで運行しているが、ここは「飛鳥の小径」というアジサイが咲く山裾の歩道から登りたい。約18メートルという高低差を実感できる。

山上は意外に広く、南端に旧渋沢庭園がある。渋沢栄一は、第一国立銀行や王子製紙などを設立し、近代日本の礎を築いた明治の実業家。亡くなるまでの30余年を飛鳥山で過ごした。山上には「曖依村荘《あいいそんそう》」と呼ばれる邸宅があったが昭和20年（1945）の空襲で焼失。今は大正期に建てられた「晩香盧《ばんこうろ》」と「青淵文庫《せいえんぶんこ》」だけが静かに佇んでいる。庭園の木立の中に小山があった。説明板には直径31メートルの円墳とある。高さでいえばここが一番かもしれない。

庭園のとなりは三つの博物館と、山上にはちょっと場ちがいな児童公園と、SLのD51と都電が展示されている。山らしくなるのは中ほどの「飛鳥山碑」あたりから。錦絵などで芝山に桜と石碑を描けば飛鳥山というほど、江戸時代には飛鳥山のランドマークになったところで、今も健在だ。

江戸人になったつもりで、土の小山を連ねた尾根を辿るとケルンの形をした山頂モニュメントに突き当たった。三角点はないが標高25・4メートルとある。24年前まで「スカイラウンジ」（通称、飛鳥山タワー）と呼ばれた回転展望台があったところだ。これまで山頂がどこなのか、標高もさまざまだったが、ようやく「山」として落ち着いたようだ。北端からは音無川と都電の走る谷間を見下ろせる。吉宗の思いから約300年、飛鳥山は今も不思議な魅力を放っていた。

飛鳥山

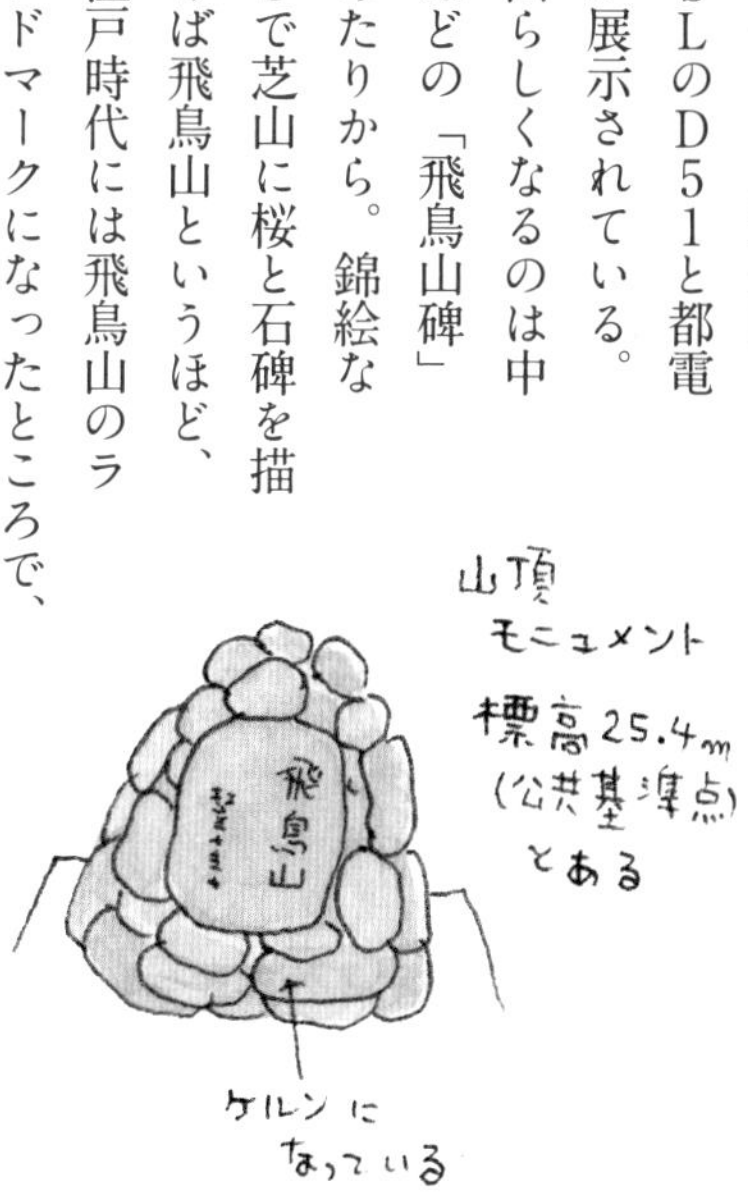

北とぴあ17階展望ロビーから、飛鳥山の全容を見渡せる

池田山

いけだやま
品川区東五反田
標高29メートル
見立ての山

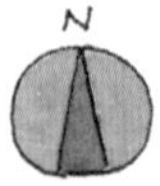

城南五山のひとつ、起伏に富んだ高台

「城南《じょうなん》五山」とは、どこかおわかりだろうか。北アルプスには「白馬《しろうま》三山」があるが、こちらは都心の品川区の話。

江戸城の南にあたる城南地区の、山手線内側の目黒から品川にかけて起伏に富んだ高台がある。古くから閑静な住宅地として知られる御殿山、八ツ山、島津山、花房山、そして池田山をいつしか城南五

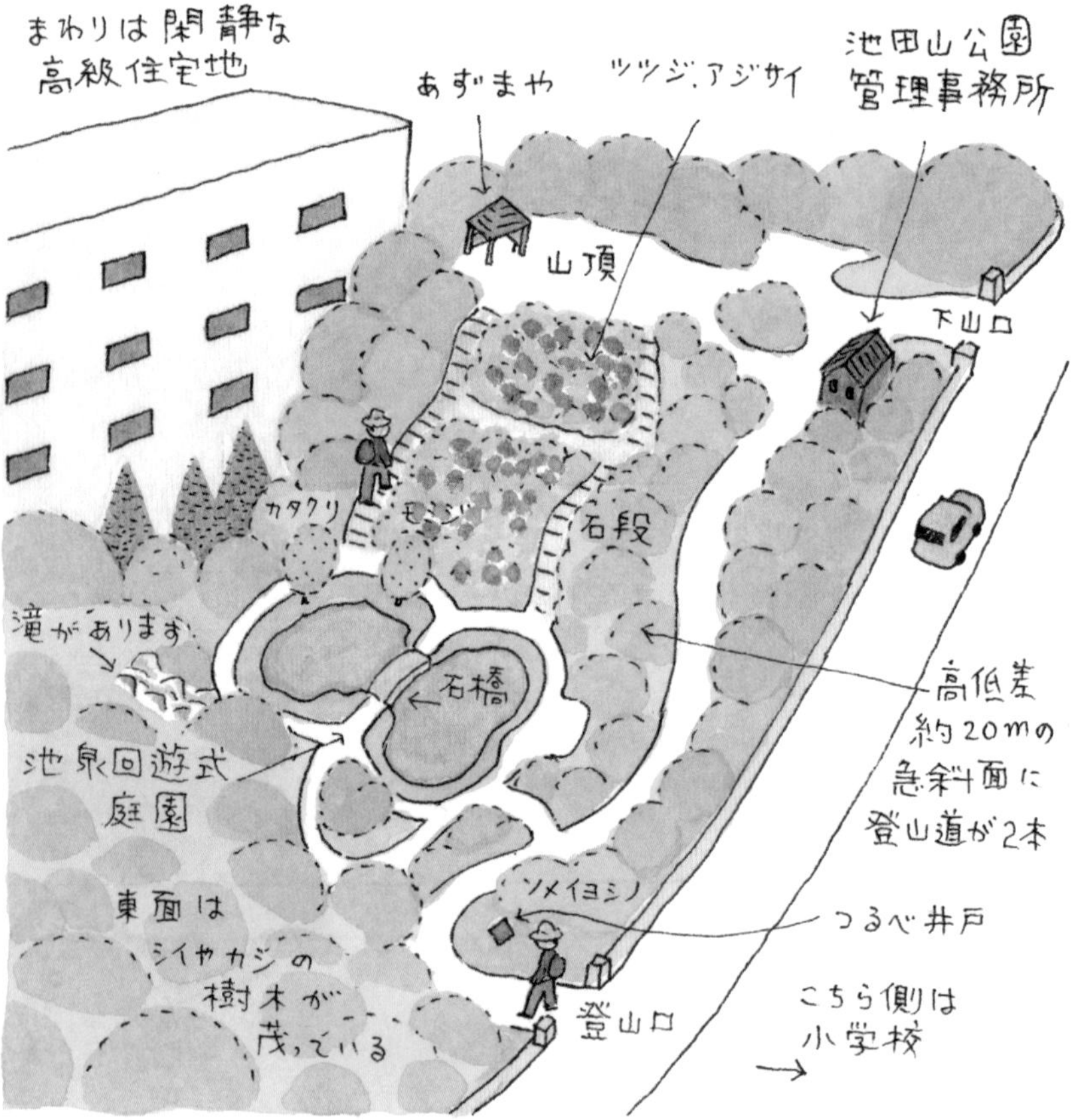

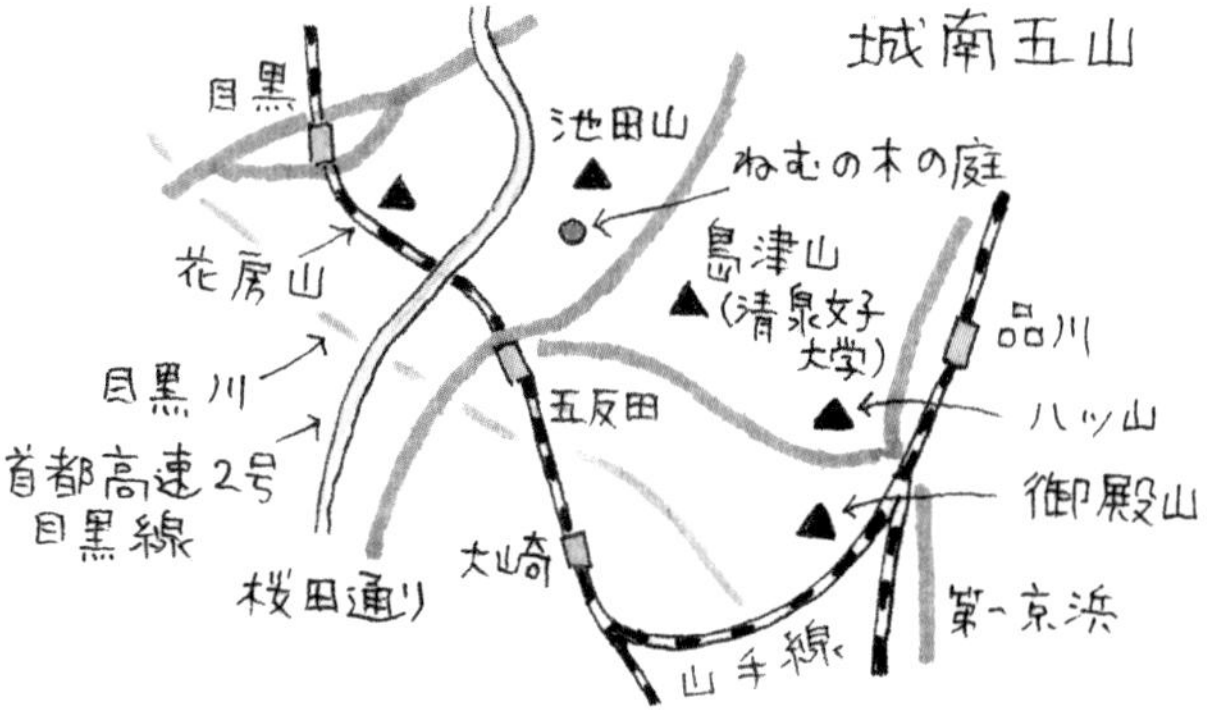

山と呼ぶようになった。五山とは、なんとも大きく出たものだ。

島津山は、薩摩藩主島津家が屋敷を構えたことに因んだもの。現在は清泉女子大学になっている。御殿山は江戸時代に桜の名所として人気を誇ったが、幕末にお台場砲台の埋め立てや、鉄道建設で山が切り崩され、明治には実業家の豪邸に変わった。現在は木立に囲まれた原美術館やミャンマー大使館になっている。同じく削りとられた八ツ山は、三菱財閥の迎賓館として「開東閣」が当時の面影を残している。目黒に近い花房山は子爵となった花房義質《はなぶさよしもと》の別邸としてその名が残った。そんな五山の中で、山として味わえるのが池田山だけだ。

五反田駅から花房山通りを渡ると、石畳の坂道が目につく。桜並木の坂道は意外なほど高低差があった。道標を見逃さないように、山上の「ねむの木の庭」を経て、突き当たりの住宅地を時計回りに行くと池田山の突端に出た。坂上からの眺望は素晴らしく山の高さを感じるところだ。広い空の下、急坂を下った小学校の窪地の向こうから、ふたたび白金台の急崖が立ち上がる山並みに胸が躍る。

寛文10年（1670）、岡山藩池田家が霞ヶ崎という高台に大崎屋敷と呼んだ下屋敷を構えたことから、いつしか池田山と呼ばれるようになった。富士山の眺望もよく、鴨場もあったという。江戸切絵図を今に重ねると広大な敷地はNTT東日本関東病院をはじめ、皇后美智子妃のご実家である旧正田邸の跡地「ねむの木の庭」もすっぽり収まっている。

大正末期になると、その多くは分譲され高級住宅地に姿を変えた。池田山公園として残った屋敷の一部は「奥庭」といわれ、比高20メートルの山頂から見下ろす池は「のぞき池方式」ともいわれ、立体的な造形美が見どころだ。春のサツキ、秋の紅葉の時期がおすすめ。

富士山からの良い気が流れるパワースポットとして話題に

三笠山

みかさやま

千代田区日比谷公園

標高約9メートル

築山

大らかに
裾野を広げた
優美な山容

銀座の画材店、月光荘で手持ちにちょうどいいサイズのスケッチブックを買った。色は鮮やかなブルー。散歩の

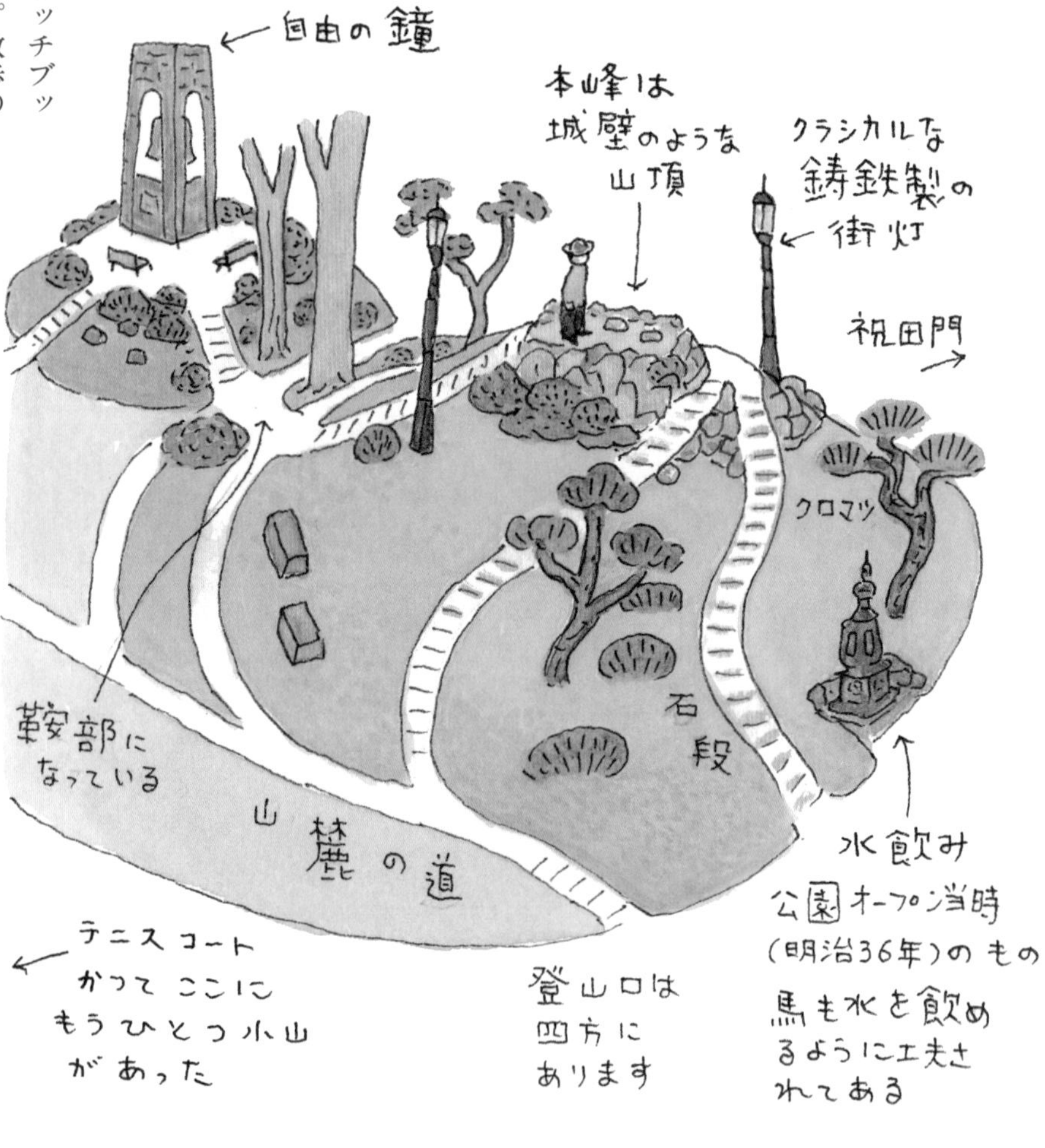

お供にしたくなる軽やかな色だ。さっそくスケッチしようと日比谷公園まで歩いた。正門を入ると、噴水広場では昔も今も変わらずサラリーマンの憩いの場になっている。三笠山はそこから少し北に向かった祝《いわい》田《だ》門の近くに鎮座している。

都会のど真ん中になぜ山があるのだろう。日比谷公園は幕末までは大名屋敷地、明治時代に入ると陸軍練兵場になった。その後、日本初の洋風近代式公園として明治36年（1903）に開園した。

園内の三笠山は公園造成時に雲形池などから掘った残土を盛った築山で、三つの笠を伏せた形からその名が付いた。残念なのは大正になって、三つの笠のうち、ひとつが削られてテニスコートになったこと。双耳峰になったが、「三笠山」の名前は引き継がれている。

三笠山の本峰として残った大きいほうは、北側から望むと大らかに裾野を広げ優美な山容を見せている。小さいほうは、本峰から尾根上につながるほんのわずかな小山。たぶん頂上部は削りとられたのだろう。アメリカから寄贈された「自由の鐘」がひっそり建っている。

正面登山口は左右にそれぞれ石段になって、どちらも中腹で合流して山頂に上がっていく。ほかにも枝道のようなコースがいくつもあって短いながらも変化をつけている。シロツメクサの咲く山腹にはクロマツやモミジなどが植えられ、裾野には明治の名残をとどめる洒落たアーク灯や、馬も飲めるように受け皿を設えた鉄製の水飲み場などもあって、格式の高い山というのが見てとれる。

岩隗に囲まれた山頂からの眺めはいい。皇居や丸の内ビル街がぐるりと見渡せた。園内にはもうひとつ、雲形池畔に平べったい「ツツジ山」がある。往時の華やかさは見られないが三笠山とセットで登っておきたい。下山後は、日比谷公園開園からの105年を迎えたレストラン、日比谷松本楼でハイカラカレーを味わいたくなった。

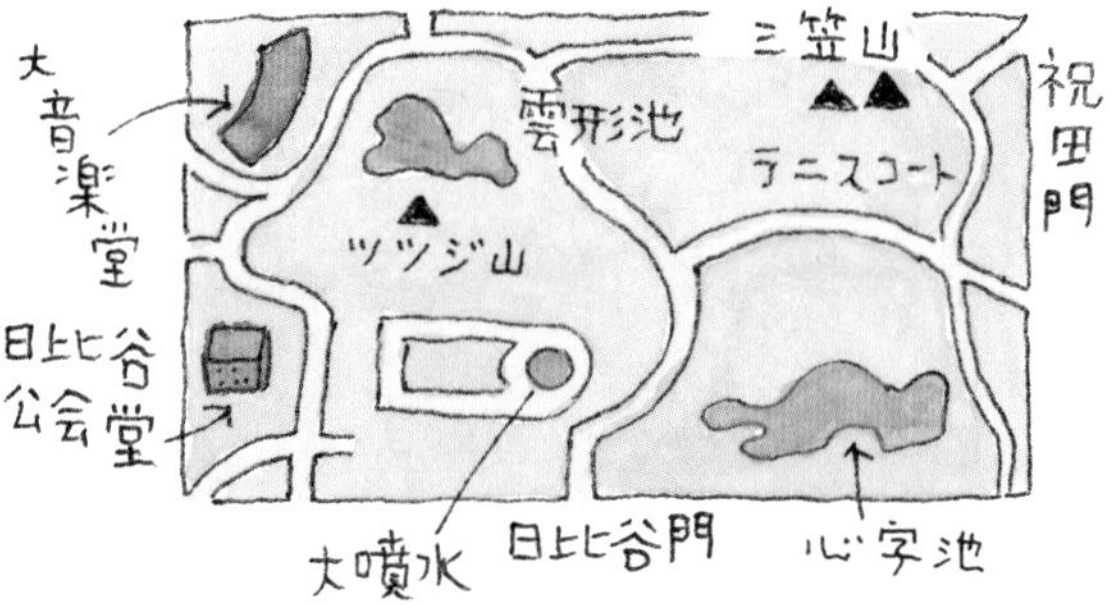

明治時代は日比谷通りを挟んで鹿鳴館が眺められた

待乳山

まつちやま

台東区浅草

標高9.8メートル

天然の山

東京でもっとも小さい天然の山

　隅田川の向こう岸に見える東京スカイツリーを右手に江戸通りを行くと、ちょうど浅草寺の裏手になるあたりに、大聖歓喜天《だいしょうかんぎてん》をご本尊とするお寺さんの建つ小山がある。江戸名所として名高い「待乳山」。表の浅草寺界隈の喧噪がウソのように周囲は静けさに包まれていた。

　浅草はどこを見まわしても、平らな土地が続いている。そんななかに変異したかのような小さなコブを「山」としてみたのだろう。標高9・8メートル、待乳山は東京でもっとも小さな天然の山だ。

　待乳山は昔から多くの文人墨客に好まれ、錦絵は当時の姿を知るいい手がかりになっている。歌川広重の描いた東都名所から「真土山之図」を見ると、山容は今と同じように今戸橋に向かって右上がりに高く、別の名で「真土山」となっているところから自然の山と読み取れる。江戸随一の眺望の名所といわれただけに東に筑波山、西に富士山を望むことができたという。

　山上には聖天宮が祀られ、商人や花柳界から厚い信仰を得ていた。正式には待乳山本流院といい、金竜山浅草寺の支院になる。創建は推古天皇9年（601）、突然この地が小高く隆起し、そこへ金龍が天より舞い降り守護したと伝えられている。それから6年後、干ばつに人びとが苦しんでいたとき、十一面観世音菩薩があわれんで、すぐさま大聖尊歓喜天の姿となって現れ、人びとを救ったことから「聖天さま」と呼ばれ親しまれてきた。

　登山口を入ると、江戸時代そのままに土壁に瓦を重ねた築地塀が中腹まで続いていた。時代小説『鬼平犯科帳』は火付盗賊改方を指揮した長谷川平蔵が悪を取り締まる物語だが、そんな「鬼平」がひょっこり築地塀から優しく顔を見せそうな気配がする。

　作者の池波正太郎は、大正12年、かつて東京市浅草区聖天町といわれたこの待乳山のもとで生まれた。その年の関東大震災で生家は焼失してしまうが「大川（隅田川）の水と待乳山聖天宮は、私の心のふるさとのようなものだ」と書いている。

　石段を上がっていくと、まず目に飛び込んできたのは石段の手すりに彫られた「二股大根と巾着」。さらに境内の灯籠や天水桶にも。本堂を見上げればあちこちにふ

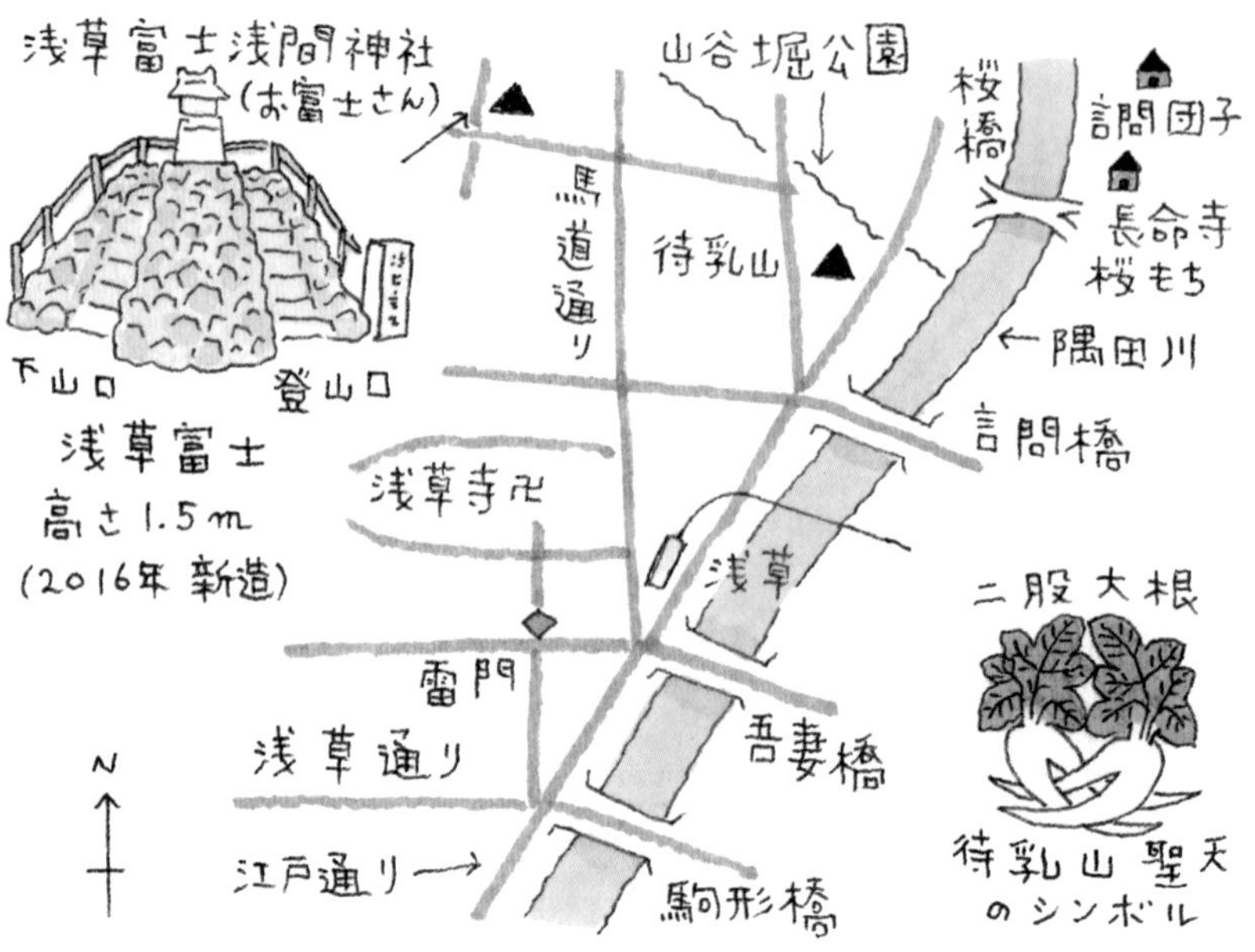

たつのシンボルが印されている。はじめて見た人は想像力を試されるようで気になるはず。さらに驚くことに、休憩所には本物の大根も用意されている。

大根一本をたずさえて本堂に向かう女性がいる。大根は消化を助ける働きがあることから心身の健康をあらわし、二股大根は夫婦和合、縁結び、子孫繁栄のシンボルとして、聖天さまのご供養にかかせないお供物。もうひとつの巾着は、誰もがあやかりたい商売繁昌、繁栄を願うもの。

聖天さまの供物といえば、歓喜団というお菓子、大根、神酒の三種。それぞれ人間がもつ、貪り、怒り、迷いの三つの煩悩をあらわしたもので、これら三種の供物を聖天さまに供えることで、煩悩の大きな力をよりよい力に転化させてくれるという。凄いパワーだ。

本堂は誰でも自由に上がれる。なんと自動扉で迎えてくれる。本堂内には思いの詰まった大根が山になって積まれ思わずドキッとする。天井を見上げると鮮やかな天女と龍の墨絵が描かれ、多くの参拝者が手を合わせ祈っている。一人ひとりの願いはそれぞれあっても、そっと背中を押してくれそうな気がしてくる。いつ訪ねても心安らぐお山だ。毎年正月7日には恒例の大根まつりを行い、ご本尊さまにお供えされた大根をふろふきにして神酒と共に参拝者に振る舞ってくれる。

お参りを済ませ、よく掃き清められた山上をひとまわりしてみると、ゆるやかに上がってきた山頂はいつのまにか建物の3階ほどの高さになっていた。崖のように切り立った、すぐ下はかつて今戸橋が架かった山谷堀《さんやぼり》があったところ。「鬼平犯科帳」で長谷川平蔵がよく利用した船宿「鴨や」はこのあたりだろう。遊郭の新吉原へ行くには、この山谷堀で舟を降り、浮世絵にも描かれた日本堤を歩いて不夜城吉原へ向かった。

日本堤は隅田川の洪水から江戸市中を守るために築かれたものだが、その堤防の盛り土のために待乳山の山頂を削りとり運ばれたという。今よりずっと背の高かった待乳山は、いったいどんな姿をしていたのだろう。その山谷堀も今は暗渠になって静かな遊歩道になっている。

さてお目当ての三角点だが、うっかりすると見落としやすい。本堂右手の灯籠の手前あたりの地面にある蓋石に「三角點」と刻まれている。愛宕山もそうだが標石はこの蓋の下に収まっている。展望は天狗坂の上から東側に開け、向島の空にスカイツリーが天を突いてこちらを見ている。

広重など多くの錦絵にも描かれている待乳山天狗坂（今は通行止め）の斜面には、5年前に設置された「さくらレール」という名の赤い登山電車が参拝者を迎えてくれている。マッチ箱のような定員4名の可愛いモノレールは、麓と山頂駅を約30秒で結んでいる。

江戸時代には信仰の山として、また風光明媚な名所として、文人墨客に人気を誇った待乳山。現在は通りを歩いていても見過ごしてしまいそうなほど小さな山だけど、なんと懐の深い山だろう。いつだってここにくれば、そっと願いを聞いてくれそうな気がする。

かつて池波正太郎が「心のふるさと」と記した待乳山。訪ねるたびにぼくも同じように感じた。天狗坂の上から、昔日の江戸の町を想像してみる。いまでは遠くに感じる隅田川の流れも、そのころは「竹屋の渡し」がすぐ近くにあったはず。向こう岸の長命寺の桜もちも気になるところだ。そう春になれば桜並木が岸辺を飾っている。江戸っ子の楽しげな声が聞こえてきそうだ。

そろそろ黄昏れるころ。参拝に来た人たちは心地よい山頂で、いつまでも立ち去りがたい気持ちになっていた。

登山前に山麓を一周して山容を見てみよう

箱根山

はこねやま

新宿区戸山

標高44.6メートル

築山

山手線内で最高峰、山頂に風景指示盤も

新宿区の都立戸山公園は、かつて尾張徳川家の下屋敷で、「戸山荘」と呼ばれた大名庭園があった場所だ。屋敷の広さは現在の新宿区戸山1丁目から3丁目にかけて43万平方メートル、東京ドームの9個分ほど。そのころの江戸は多くの大名たちが競って庭園造りに励んでいたが、そのなかでも最大規模のものだった。

寛文9年（1669）、二代藩主光友により造営が進められると、広大な屋敷の大半を占める回遊式築山泉水庭

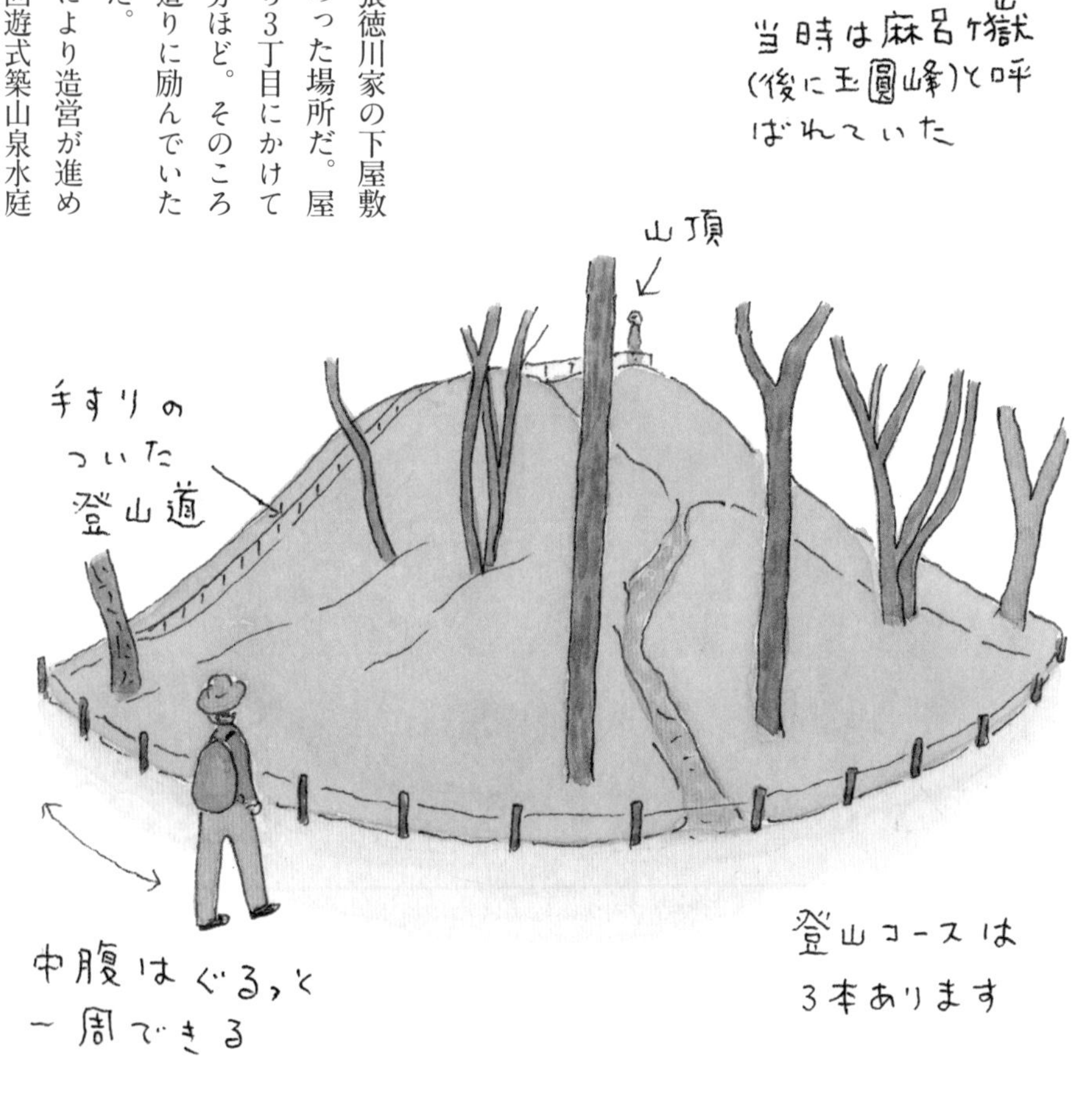
当時は麻呂ケ嶽(後に玉圓峰)と呼ばれていた
山頂
手すりのついた登山道
中腹はぐるっと一周できる
登山コースは3本あります

園を中心に、築山や渓谷、田畑などを設け、社や祠、茶屋なども配した25の景勝地が造られた。中央には御殿を守るかのように主峰の麻呂《まろ》ヶ嶽《たけ》（その後、玉圓峰）が聳えていた。現在の箱根山である。

戸山荘はなにもかも桁外れな庭園だった。箱根山の山麓には東海道五十三次の宿場、小田原宿を模した「御町屋」が造られ、虚構の町並みには酒屋、鍛冶屋、薬屋など、その数36軒の町屋を設け、園内だけで通用する通貨まで用意された。今でいうテーマパークでお殿様はどんなふうに楽しんだのだろう。

寛政5年（1793）に、十一代将軍家斉が戸山荘を訪れて、その眺めを「すべて天下の園池は、まさにこの荘を以て第一とすべし」と褒めたたえた。たいそうお気に召した家斉は、その後4度訪れたという。

しかし幕末になると幾度かの災害に遭い屋敷は荒廃していった。さらに明治5年（1872）に明治政府に収公されると陸軍戸山学校用地になり、夢のような庭園だった戸山荘はついに終焉を迎えた。

広大な屋敷はつぎつぎと陸軍の施設に変わり、唯一箱根山だけが残った。箱根山という山名はこのころから呼ばれるようになった。裾野には大泉水の池の名残だろうか、谷のように窪んだ跡がある。箱根山は、その大きな池を掘ったときの残土で造られた築山だ。

陸軍戸山学校には、高さ30メートルほどの人工の岩場が築かれていた。この岩壁は生徒の山岳訓練のために造られた。コンクリートで固めた城壁のような垂壁には手がかりになる石が貼り付けられ、大小のオーバーハングもあった。主に懸垂下降やロープワークの練習に使われたのだろう。岩壁は昭和47年（1972）まで残っていた。

さて、箱根山への行き方は何通りもある。歩いて行ける駅は新宿駅、新大久保駅、高田馬場駅が、地下鉄だと早稲田駅、西早稲田駅、東新宿駅がある。登山口は大きく分けると早稲田口と、大久保通り口のふたつ。高低差を実感するなら早稲田口からがいい。箱根山北入口の道

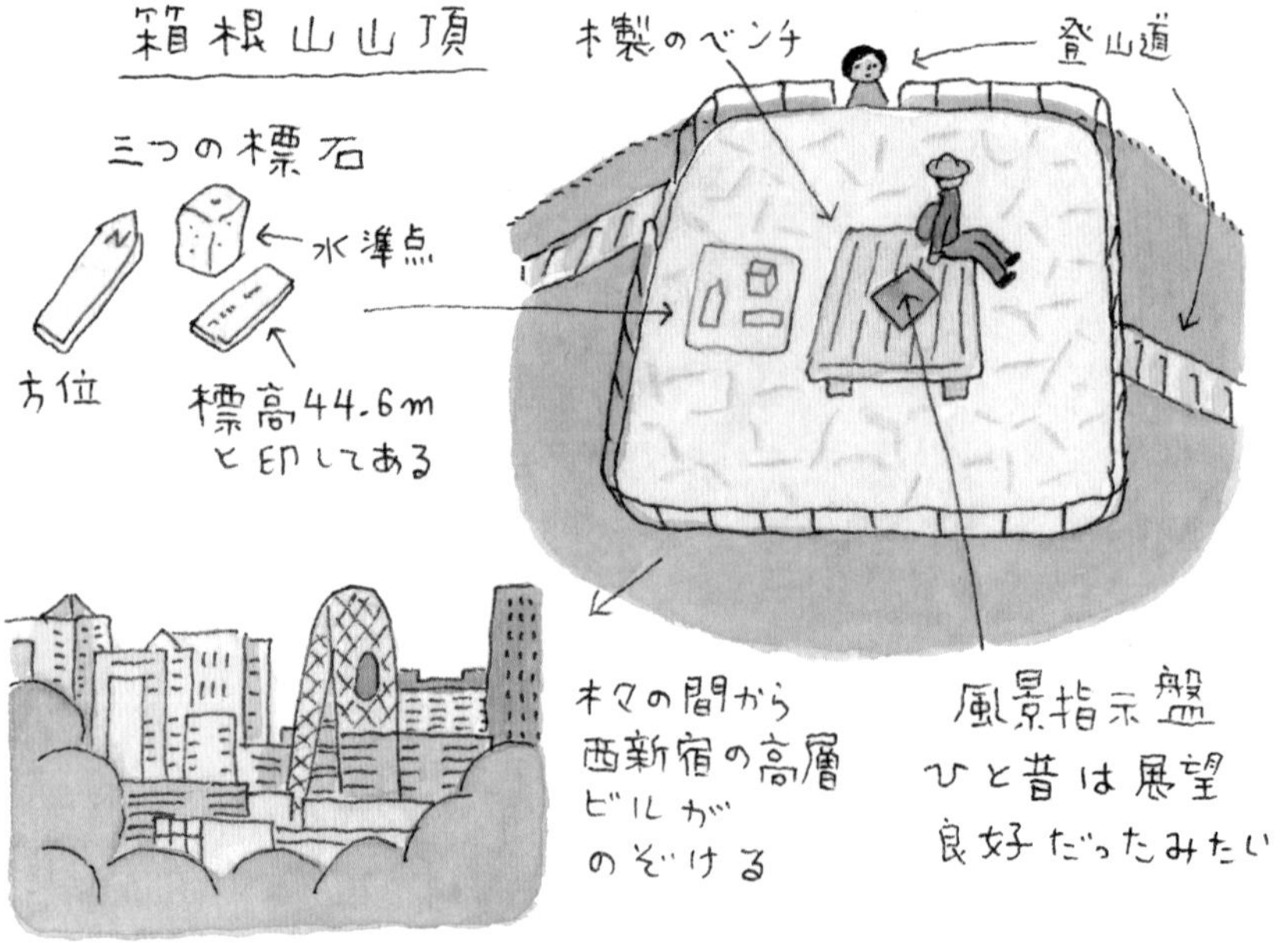

標を見て、かつてあった大泉水の窪地から山頂をめざしていく。はじめての人は、その山深さに「本当にここは新宿区なの?」と驚くはず。

　一方の大久保通り口からは高台になるので高低差は少なくなるが、戸山ハイツの団地と共生するように森に包まれた山麓は味わい深い。麓にある戸山教会下に登山口の道標が立っている。すぐそばには赤いトンガリ屋根の戸山教会がいいアクセントになって、エキゾチックな雰囲気を醸し出している。

　今日は教会脇の森の小径から上がっていくことにした。カシやエゴノキ、コナラなどの雑木林の道を上がっていく感じは実際の山道を思わせる。途中にある堅牢な石造りの建物は、旧陸軍戸山学校の将校会議室の遺構だ。今は教会に溶け込むようにして息をひそめている。

　そこからかけ上がるとベンチのある中腹の遊歩道に出る。ぐるりと一周する遊歩道の上部が築山部分だろう。その形はお椀をかぶせたように見える。そういえば江戸時代には「玉圓峰《ぎょくえんほう》」と呼ばれていたけれど、なるほどその名の通りと合点がいく。

　山頂に上がる登山道は3カ所、高低差は20メートルほど。階段になった登山道は意外と急だ。いまは完全に整備されているが、はじめてきたころは土の道があって頂上に抜けられたものだが、今は登れなくなっている。子どもたちの遊び場だったころの名残だろう。

山頂は築山にしては広めになっている。以前あった東屋《あずまや》の屋根は取り払われたが、四角いベンチとそこに付けられた風景指示盤のレリーフは健在。その名所案内のオーバーなところもそのままだ。赤城山、霞ヶ浦、房総半島、富士山、奥多摩などが示してあり、国技館や東京タワーは絵入りだ。しかしどうがんばっても眺望することはできない。

誇大表示といってしまえばそれまでだが、年季の入った造りは大まじめだし、偽りはないはず。どうやら昭和30年代までは、一望できたらしい。しかし霞ヶ浦と房総半島はどうだろう。本当ならうらやましいぐらいの超絶景だ。現在は新宿の高層ビル群と池袋のサンシャイン60が眺められる。

山頂には標高44・6メートルと刻まれた標石板と水準点が設置されている。箱根山は、人工の山である築山も含め、山手線内にある山のなかでは最高峰だ。登山者にはうれしいことに登頂記念の証明書を戸山公園サービスセンターで発行してもらえる。

よく晴れた日で、頂上は登山者でにぎわってきた。決まってどの顔もにこやかに、のんびりと山上を楽しんでいる。「こんにちは」とあいさつも自然と交わせるのも山のよさだ。

箱根山が1年のなかでもっとも華やぐのはお花見の季節。中腹に植えられたソメイヨシノが山頂を囲むように桜色に染まっていく。頂上からは何度も歓声が上がって、思わずこちらも気が急《せ》いてくる。四囲を桜に包まれた頂上からの眺めは、ちょうど桜の高さと同じ。まるで桜色の雲海を見ているようだ。

夜桜ともなれば街の灯が煌《きら》めき、優美な夜景を見せてくれる。お殿さまがいたら、きっと「あっぱれ！お見事」と愛でたかもしれない。江戸、明治と、300年以上の時を経て、築山の箱根山はいつしか自然のものになったように思えた。

四季折々、24時間いつでも登頂できる

西郷山

さいごうやま

目黒区青葉台

標高36メートル

見立ての山

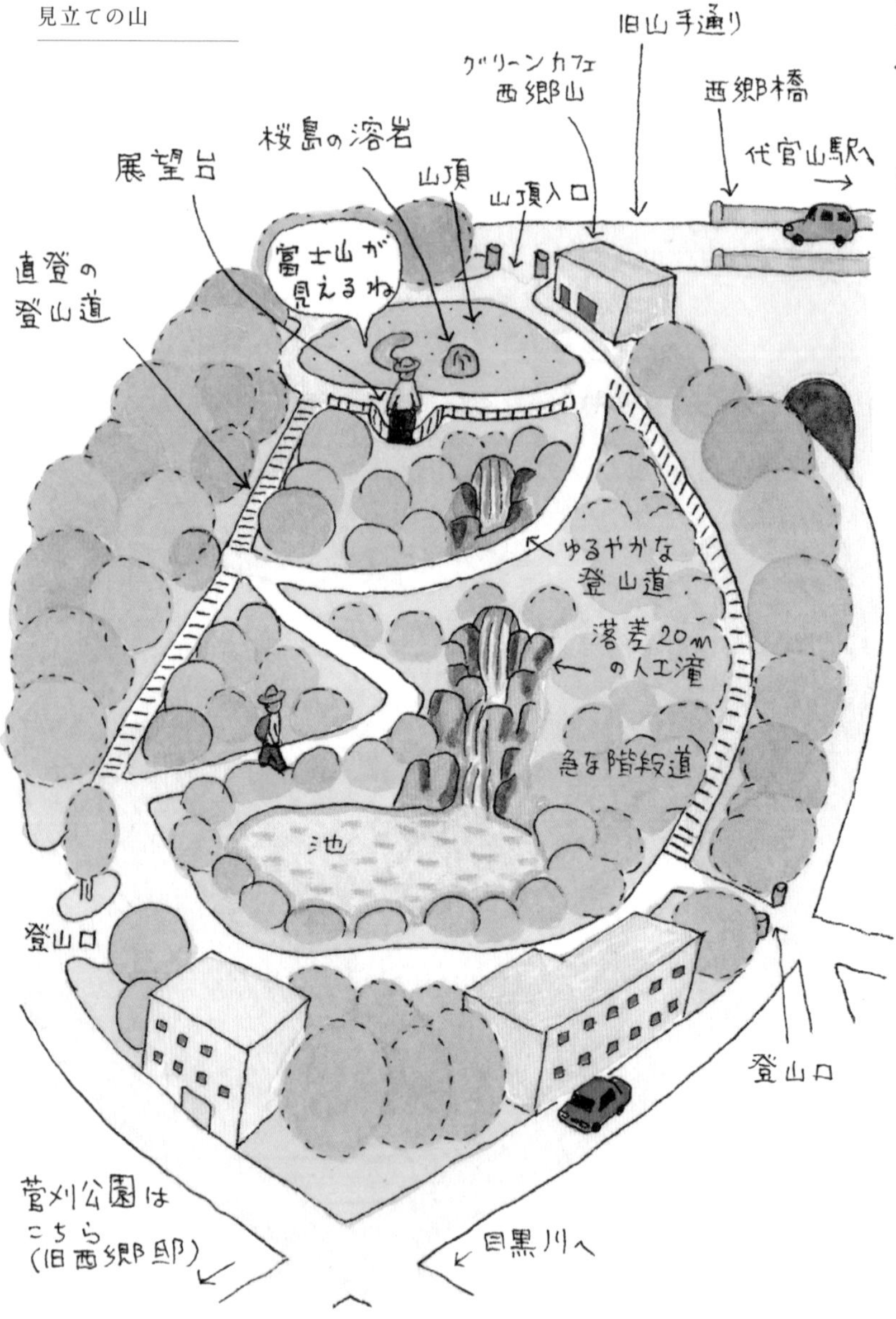

山頂からの夕日を眺めておきたい山

西郷さんといえば、上野公園の西郷隆盛像を思い浮かべるが、こちらはお洒落な代官山の西郷さん、弟・従道《つぐみち》のほうの話になる。このことを知ったのは、山名にもなった西郷山との出合いからだった。

西郷山のある青葉台は、江戸時代「荒城の月」で知られる豊後の竹田城主、中川家の抱《かかえ》屋敷だった場所。明治のはじめ、西郷隆盛の弟・従道は兄を迎えるために、この美しい大名庭園を購入した。しかしその願いも空しく、西南戦争に敗れた隆盛は自害。明治13年に従道の別邸が建てられると、いつしか人びとから親しみを込めて西郷山と呼ばれるようになった。

旧西郷従道邸跡はその後、いくつかの所有を経て、現在は展望台の西郷山公園と西洋館（明治村に移築）があった菅刈公園になっている。案内によれば、広い芝生と松やヒマラヤ杉などに彩られた2万坪の敷地には西洋館と書院造りの和館が建てられ、東都一の名庭園とうたわれたとある。

おしゃれなショップや異国情緒にあふれた大使館などが並ぶ旧山手通りを南平台に向かうと左手に西郷山公園がある。入口にはグリーンカフェ西郷山があって、蕎麦とコーヒーが楽しめる。

通り沿いからは木々が鬱蒼と生い茂り、一見すると普通の公園のようだ。それが園内に入ると一変する。ふっくらとした芝山を中心に遊歩道がつけられた山上の縁に出るといきなり展望が開け、驚かされる。

標高36メートルの山頂からの眺望は素晴らしい。都内屈指といっていいだろう。晴れた日には南西方向に富士山と目が合うはず。都内で富士山を望める超低山は、そうはない。

山の成り立ちを見ていくと、西郷山は武蔵野台地の東端にあたり、渋谷川と目黒川に挟まれた複雑な地形を見せている。青葉台、東山、南平台、鉢山、諏訪山など、高台の名からも見てとれる。お屋敷と坂道の町でもある。西郷山は目黒川の低地から見上げると崖線《がいせん》の尾根の南西側に切り立っている。その尾根上の旧山手通りには、かつて玉川上水から分水した三田用水が流れていたところ。西郷山の脇にある西洋風の西郷橋は、水道橋として切り通しを渡る水路になっていた。

ところでもう気付かれたかもしれないが、旧山手通りから入山すると、登ることもなく山頂に立ったことになる。登ってこそ山というもの。登山口は山麓に2カ所、登山道は3本ある。いったん下山して登り返してもいいけれど、新鮮な気持ちで展望を楽しむなら目黒川の流れる低地からアプローチすると、ぐっと登山らしくなる。

代官山駅からだと、交番前の交差点を渡って「目切坂」を下り、崖線になる尾根を右に見上げながら山麓の登山口をめざす。隣駅の中目黒からはそのまま桜並木の目黒川に沿って散策しながら、千歳橋で西郷山下の坂道を上がって行こう。

麓から見上げた西郷山は高低差にして20メートルほど。思いのほか堂々とした山容だ。3本ある登山道は、左端から階段を上る直登ルート。正面山腹を右に左につづら折りの緩やかなルートは変化もあっておすすめ。右端の直登ルートは急登の階段だ。足の鍛錬にはもってこいかも。

山頂から岩を縫うように落差20メートルの人工の滝もあって、山裾の小さな池に流れ落ちるようになっている。かつては三田用水から引き込んだ水を流していたという。ふだんは涸滝だが、ときどきポンプで汲み上げた水を流している。山腹は四季折々の花と樹木を植栽して季節を

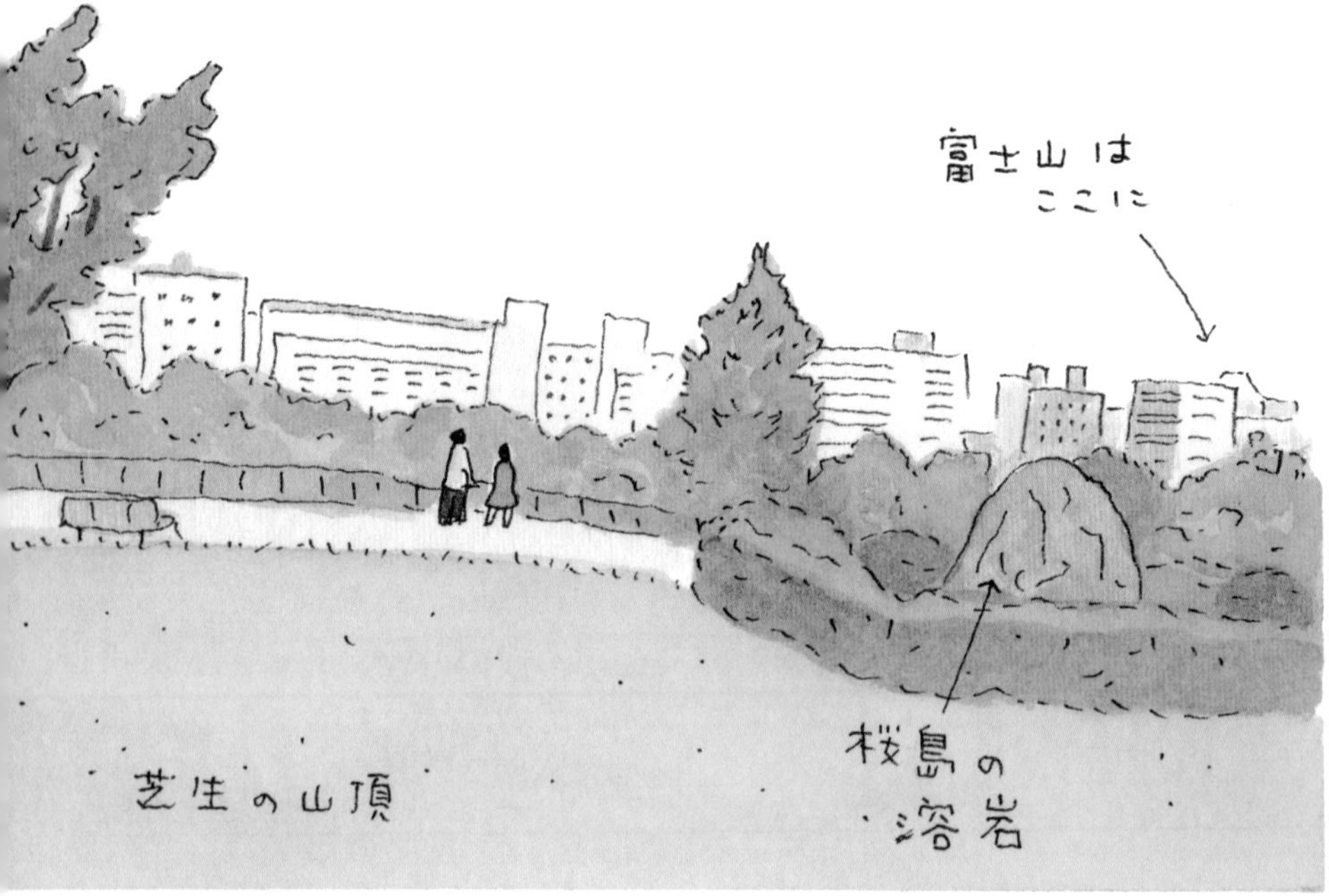

楽しませてくれる。

山頂にはベンチが並び、パノラマのように眺望が広がって飽きることがない。洋館のバルコニーを模したような展望デッキの足元は方位盤になっていて、目黒川まで0・3キロ、富士山まで94キロ、西郷さんの故郷鹿児島まで980キロとあった。

一段高くなった芝山の山頂に上がってみる。自然のままの、ちょっとほったらかしの草地がいい感じだ。傍らには鹿児島県から贈られた桜島の溶岩が、どんと置かれている。

春には西郷山全体がシダレザクラ、オオシマザクラ、ソメイヨシノで桜色一色になってそれはそれは見事なもの。中でも好きなのは、山のてっぺんにある河津桜。町並を見下ろすように咲き誇る。

西郷山の真価を発揮するのは日暮れどきから。ぜひ夕日を眺めておきたい。広い空がだんだんと紅色に染まっていくさまは、じつに圧巻。気が付けば、ベンチも芝山にも人が集まっている。近所の人も、遠くからの人も、みんなこの絶景に息をのんでいた。

都内随一の眺望を誇る

おとめ山

おとめやま
新宿区下落合
標高33メートル
見立ての山

「落合秘境」と呼ばれた都心の濃密な森

高田馬場と目白の間を東西に高台が横切っている。山手線はそこを割って入るように走る。車窓の西側に鬱蒼《うっそう》とした森が見えたら、それが「おとめ山」だ。

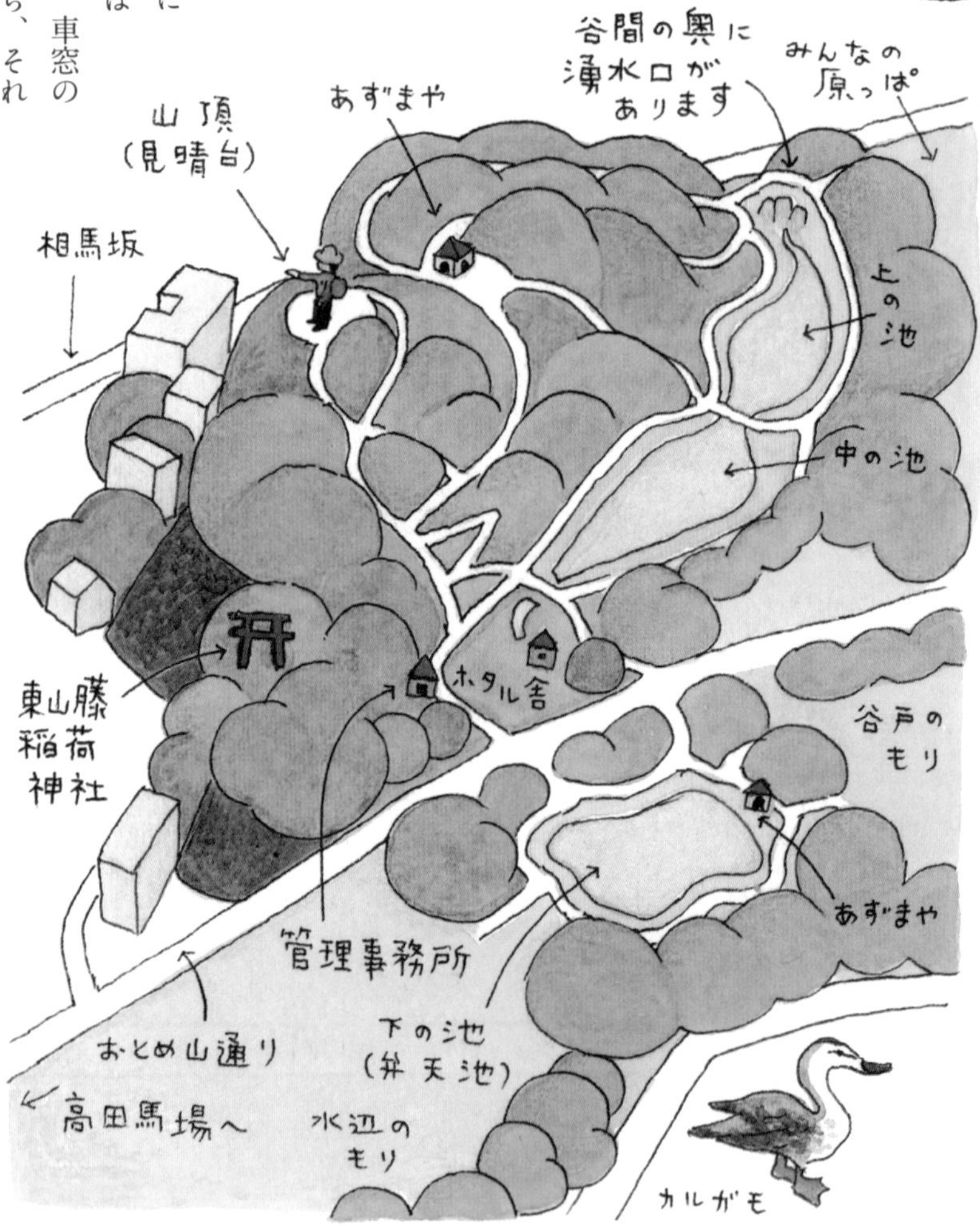

高田馬場の
町並が
のぞける
ケヤキを
まん中にした
ユニークなベンチ
山頂見晴台

素直に思い浮かべれば「乙女」という文字が浮かぶけれど、そんな甘い言葉ではなく「御留《おとめ》」という厳めしいもの。徳川家将軍の鷹狩り場として庶民の立ち入りを禁じたことが名の由来になっている。

明治になると御留山周辺は近衛家の所有になったが、大正期に旧磐城《いわき》中村藩主の相馬家が西半分を取得して屋敷を構えた。今あるおとめ山公園は、かつて相馬家が林泉《りんせん》園と名付けた回遊式自然庭園の名残でもある。

時代は昭和に変わり「華族の山」は手放され、おとめ山はふたたび自然豊かな武蔵野の森にかえっていった。都心に残された濃密な森は、いつしか「落合秘境」と呼ばれるようになっていたが、昭和39年（１９６４）には大蔵省の所有地となり官舎の建設計画が上がった。しかし地元の自然保護運動の地道な活動により建設計画は縮小され、昭和44年（１９６９）に敷地の一部が新宿区立おとめ山公園として開園した。

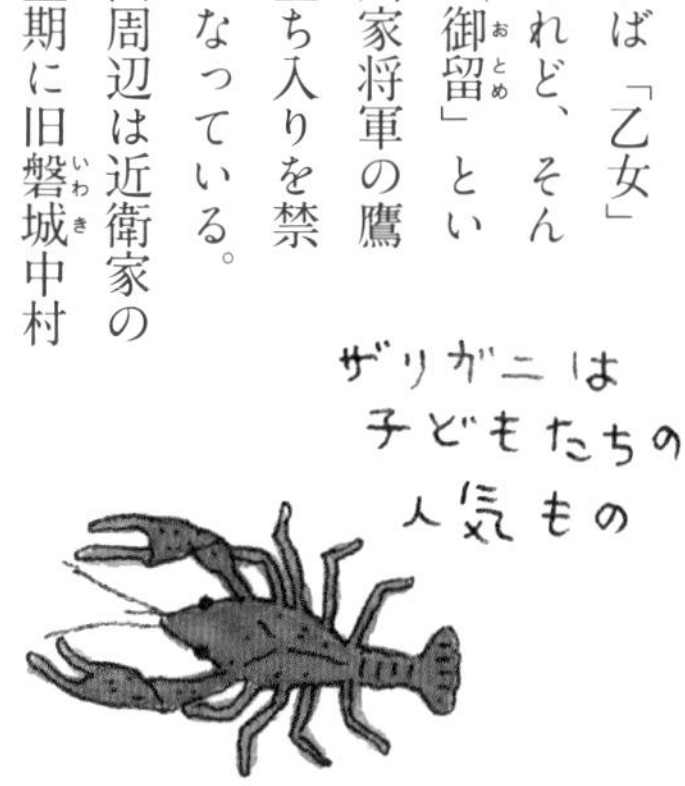
ザリガニは
子どもたちの
人気もの

それから誰が想像しただろう。公園開園から40数年が経った２０１４年、おとめ山を囲むようにあった官舎は

メジロ
野鳥が多いのもうれしい

解体され、その跡地に元の地形をなぞるように公園が拡張されたのだ。

久しぶりに、広くなったおとめ山を訪ねてみた。アプローチはJR高田馬場駅か目白駅からになるが、登山を感じるなら低地になる高田馬場から上がっていきたい。神田川を渡ると、新目白通りの向こうにビルの間から屏風を立てかけたような壁が見える。南側に向かって東西に帯状になった落合崖線《がいせん》と呼ばれるもので、神田川と妙正寺川《みょうしょうじ》のふたつの川の浸食により崖地になり、谷戸《やと》と呼ばれる谷が複雑に入り組んだものだ。

おとめ山通りの坂道を上がっていくとすぐに、官舎の跡地に「水辺のもり」が新たに造られていた。新しい登山口を入ると、山上にある弁天池から小川が流れ斜面は水辺にふさわしい公園になっている。登山道はその水流に沿って登っていく。

▲

木々に囲まれた弁天池は開園当時から変わらない。カメの甲羅干はおなじみの光景だ。その上に広がる明るいエリアは新設された「谷戸のもり」で、起伏に富んだ斜面を巧みに往時の谷戸の風景を再現している。キキョウやナデシコなどの山野草が咲き誇り、まだ若木だがシイやコナラが植栽された日当りのいい芝草を上がりきると見事な展望地になっていた。のんびり昼寝をする人、お弁当を広げる親子連れの姿もある。

拡張されたエリアはまだある。先を進もう。公園を東西に分けているおとめ坂からスダジイをシンボルにした「ふれあい広場」に入ると、こんもりとした森のなかに、まるで空中回廊のような木造の林間デッキが現れた。森の奥に延びていくさまは思わず好奇心を誘う。森の回廊から一気に飛び出すと大空の下に原っぱが広がった。なんて粋な計らいだろう。

「みんなの原っぱ」という名の斜面は、かつて相馬子爵邸があったところ。今はちびっ子たちの格好の遊び場になっている。いよいよ本来のおとめ山に向かってみよう。石段を下ると以前と変わらぬ森山にホッとする。山間には東京の名湧水57選に選ばれた湧き水が岩の間からしみ出ていた。

湧水は小さな渓流をつくり、ふたつの池になる。ザリガニ釣りに夢中な親子の姿をよくみるところだ。またこ

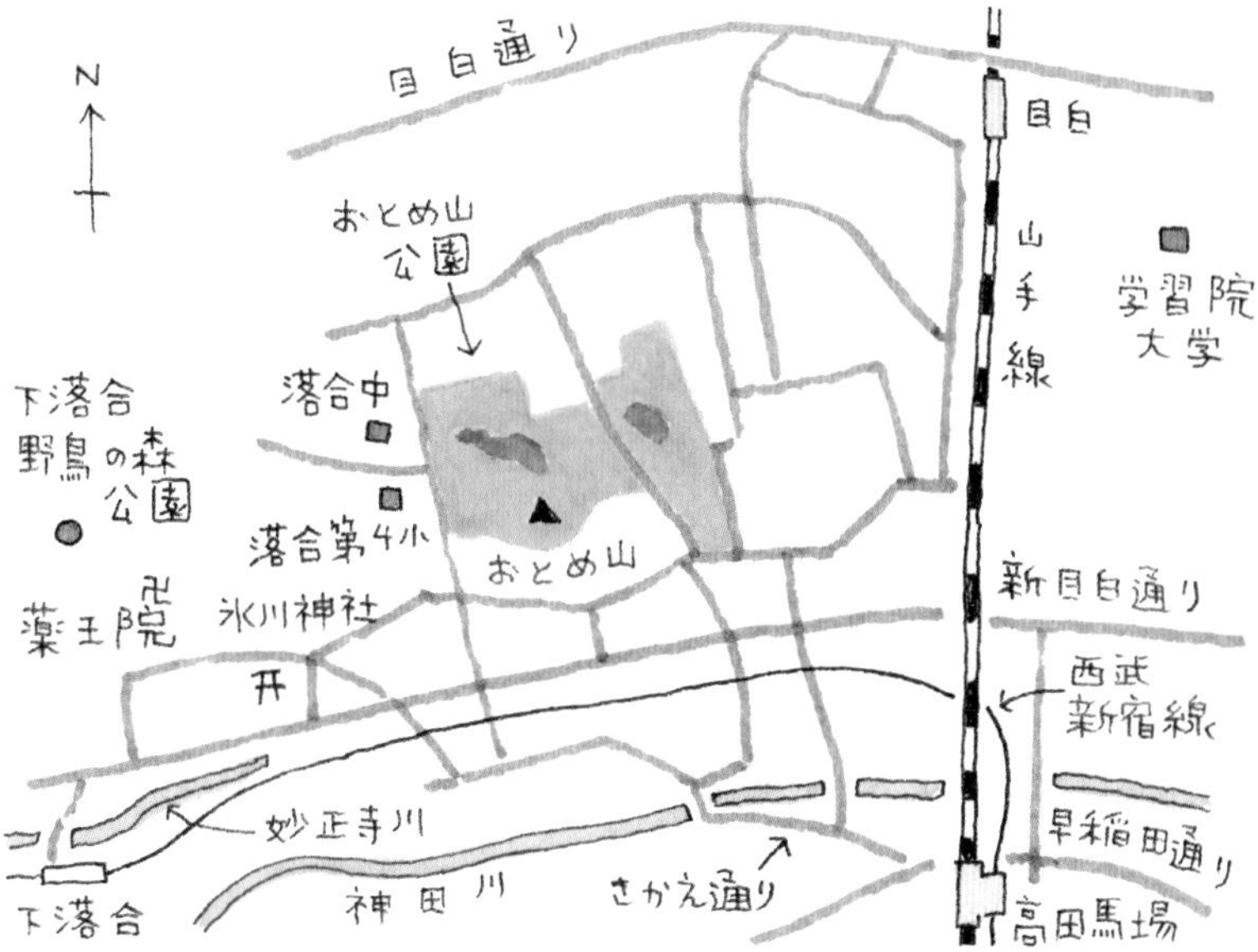

のあたりは江戸時代からホタルの名所でもあったことから、湧水を利用したホタルの養殖も行われ、夏の恒例行事として「ホタルの鑑賞会」が開かれている。

さて、おとめ山山頂への登山路はいくつかある。おすすめは谷間の奥から相馬坂のある西の端を辿っていく小《こ》径《みち》。都心とは思えない深山の雰囲気を醸し出している。崖線上に沿って上がったところが山頂見晴台。ケヤキの木を囲むように六角形のベンチがある。標高33メートルの頂上からの眺めは、以前よりだいぶ狭まったけど、新宿方面が望めた。

谷間から山頂へは縦横に登山路があるので全コース登ってみると楽しい。また上の池から中の池の流れはちょっとした渓谷を感じさせ、相馬家の林泉園を偲ばせるところでもある。

拡張されたエリアにあるのはまだ若い木々だけど、いずれはかつての自然にあふれるおとめ山の姿に戻っていくことだろう。多くの自然が消滅していく都会のなかで「おとめ山」は奇跡の山に思えた。おとめ山の深い森は、どこか少年の頃のワクワクするような「秘密基地」の記憶を想い起こさせてくれた。

ザリガニ獲り、ホタル鑑賞など、親子ハイキングにおすすめ

忘れられた山

その❶ 富士山縦覧場

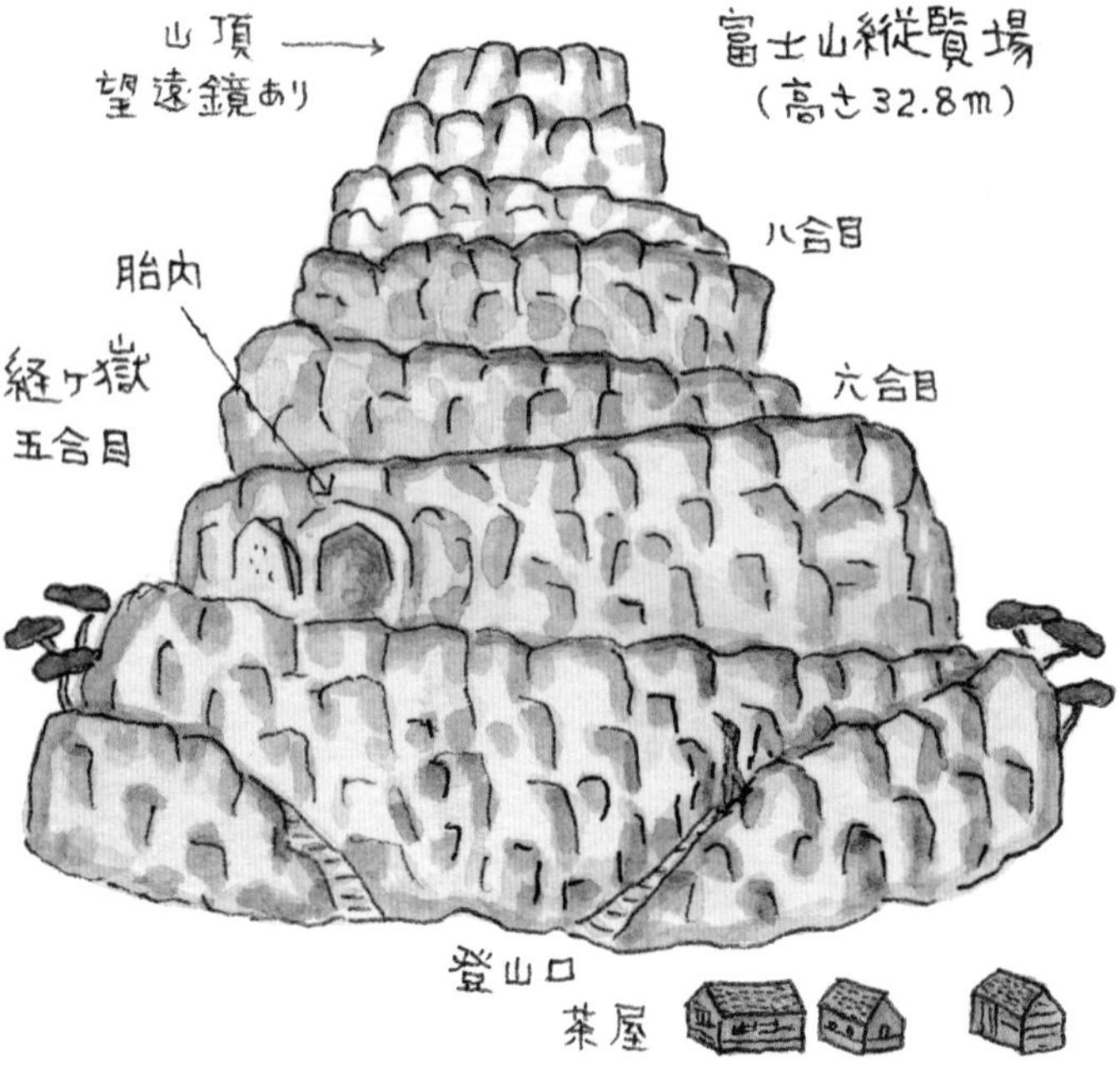

山にも流行りというものがある。かつて富士山に似せた観光富士があった。信仰による富士塚とは一線を画すもので、富士山人気にあやかったものだった。

明治20年（1887）、浅草六区に突如、富士山を模した富士山縦覧場《じゅうらんじょう》が出現した。当時の新聞広告によると高さ約32・8メートル、裾廻り273メートル、登り364メートル、下り418メートル、頂上の広さ25坪、丸太を組み石灰を塗り込んだ木造富士は巨大な要塞のようなもの、どうみても富士山とは似ても似つかぬハリボテの見世物富士だった。

登山口で登山料大人4銭を払い、草鞋に履き替え、てっぺんめざしてらせん状に板を張った登山道を上がった。高層建築のない時代、頂上からの眺望は評判を呼び、登高するもの引きも切らずの人気になった。しかしオープンから2年後に暴風雨に遭い大破、骨組みだけになったハリボテはあっけなく取り壊された。その翌年、あらたに建てられたのが浅草十二階と呼ばれる凌雲閣《りょううんかく》。だがこれも関東大震災で崩壊してしまった。

2章

歴史を味わう小さな山

藤代峠

ふじしろとうげ
文京区本駒込
標高35メートル
築山

庭園を見下ろす 文京区最高峰

文京区の駒込は思い入れのある町だ。母の生まれ育った町ということもあって、今でも六義園《りくぎえん》をかこむレンガ塀の道を歩くと、幼かったころを思い出す。

六義園は元禄8年（1695）に、五代将軍徳川綱吉より下屋敷として与えられた地に、川越藩主の柳沢吉保《よしやす》が7年の歳月をかけて造営した回遊式築山泉水庭園で、小石川後楽園とともに江戸の二大庭園といわれた。明治になると三菱の創業者である岩崎弥太郎の別邸となり、荒

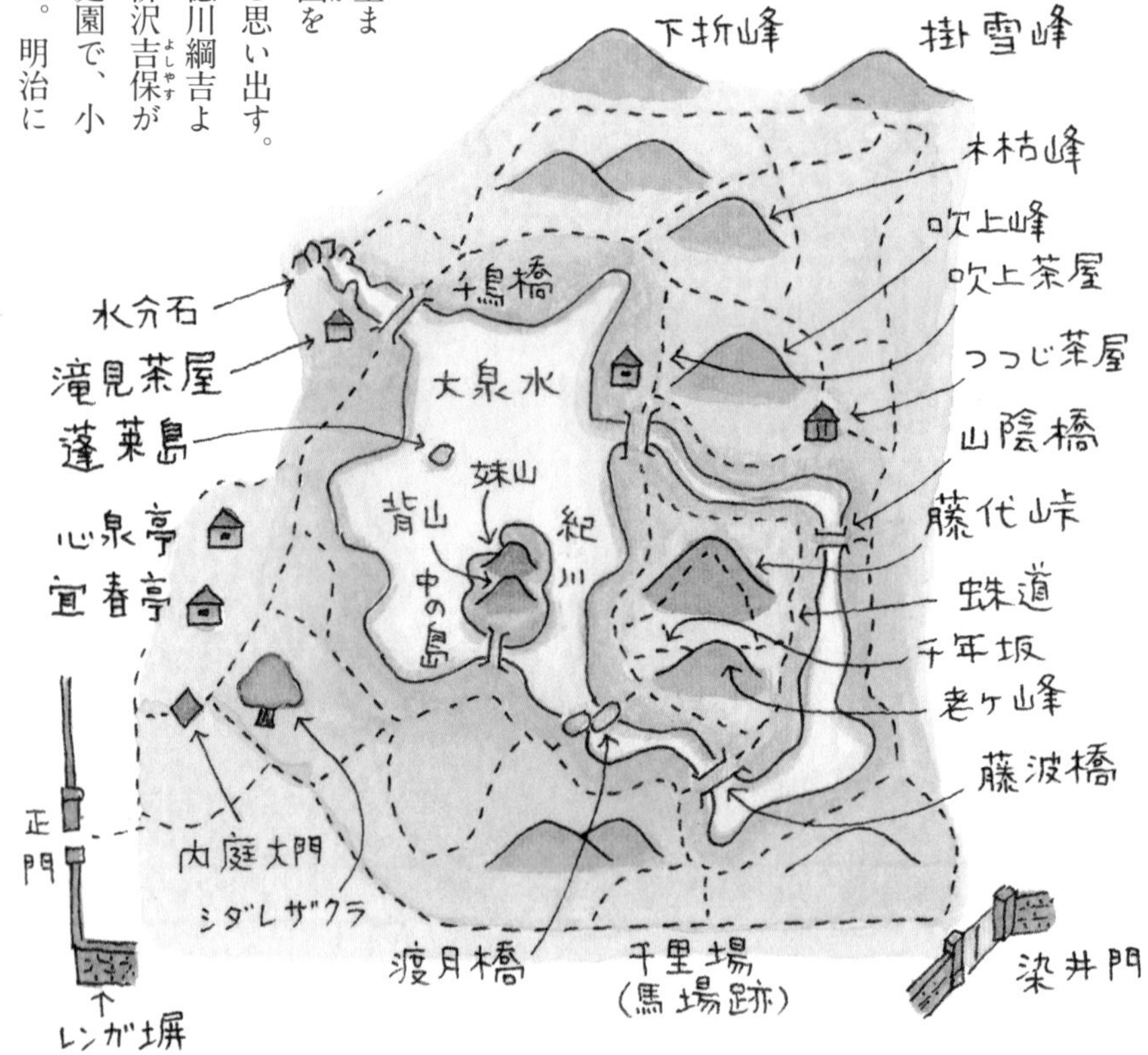

廃していた庭園は再生した。その後東京市（当時）に寄贈され、国の特別名勝に指定された。

すぐそばの東洋文庫は、東洋文庫ミュージアムと呼び名が変わったが、ここも岩崎家だった。弥太郎の息子、三代目岩崎久弥が大正13年（1924）に設立した膨大な東洋研究のコレクションをもつ世界五大東洋学研究図書館のひとつに数えられている。

藤代峠に進もう。六義園正門から内庭大門をくぐると樹齢60年以上のしだれ桜が迎えてくれる。春は枝いっぱいに薄紅色の花を咲かせる。庭園は万葉集など和歌に詠まれた言葉から八十八の景観を再現。大泉水を中心に紀州の和歌浦、出汐湊、妹背山、吹上、紀川など、景勝地に見立てた表現にほれぼれする。

大泉水から、つつじ茶屋のある裏手に回ると風景は一変して、深山と渓流になる。土橋の山陰橋を渡り、「ささかにの道」の小径を静々と行くと、分岐で急登になった。気分が高まる瞬間だ。空が開けると、標高35メートルの藤代峠の頂に立っていた。ここは文京区の最高峰でもある。築山だが、高低差は約13メートルあり、繊細で優美な庭園の眺めがすばらしい。江戸時代には南に江戸城を、西に富士山が望めることから富士見山とも呼ばれた。

遠い記憶をたどると、かつて東洋文庫の洋館で、祖父は古書の修復をしていた。家は六義園と東洋文庫の間にあって、どちらもぼくの遊び場だった。まだ街中に都電が走っていたころのことだ。古いアルバムを開くと、祖父が撮った東洋文庫の玄関で佇む母とぼくの写真があった。

吹上茶屋で抹茶（上生菓子付き）を楽しめる

浜離宮三山

はまりきゅうさんざん

中央区浜離宮庭園

高さ5メートル

築山

お台場を一望できる美しい築山

寛永年間まで、この地は将軍家の鷹狩場で、一面の芦原だった。はじめに屋敷を建てたのは四代将軍家綱の弟で、甲府宰相と呼ばれた松平綱重《つなしげ》。海を埋め立て、甲府浜屋敷と呼ばれた別邸を建てた。

その後、六代将軍徳川家宣のときに「浜御殿」と改称。以来、歴代将軍によって造園改修が行われ、十一代将軍家斉で、ほぼ現在の姿の庭園が完成した。明

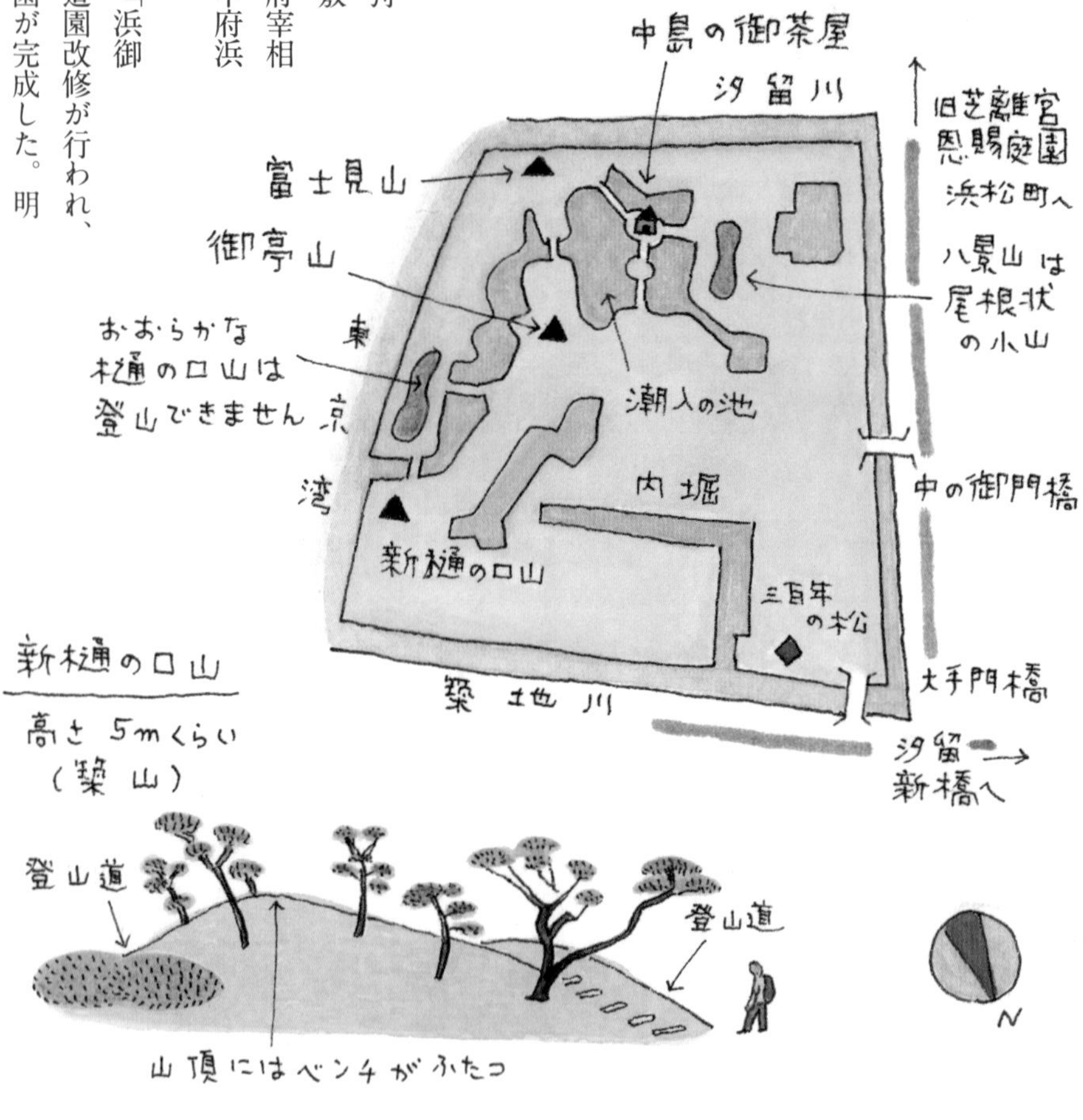

治維新後は皇室の離宮となり、名称を「浜離宮」とした。

大手門から中へ入ると、庭園なのに城郭のような石垣が気になった。浜御殿は江戸城の出城として役割をもっていたため、この門は、江戸時代には枡形門に渡り櫓という城門造りであった。しかし、大正12年の関東大震災で焼失して石垣だけが残った。庭園には、海水を引き入れた潮入りの池と鴨場があり、さらに中島、美しい築山が設けられている。

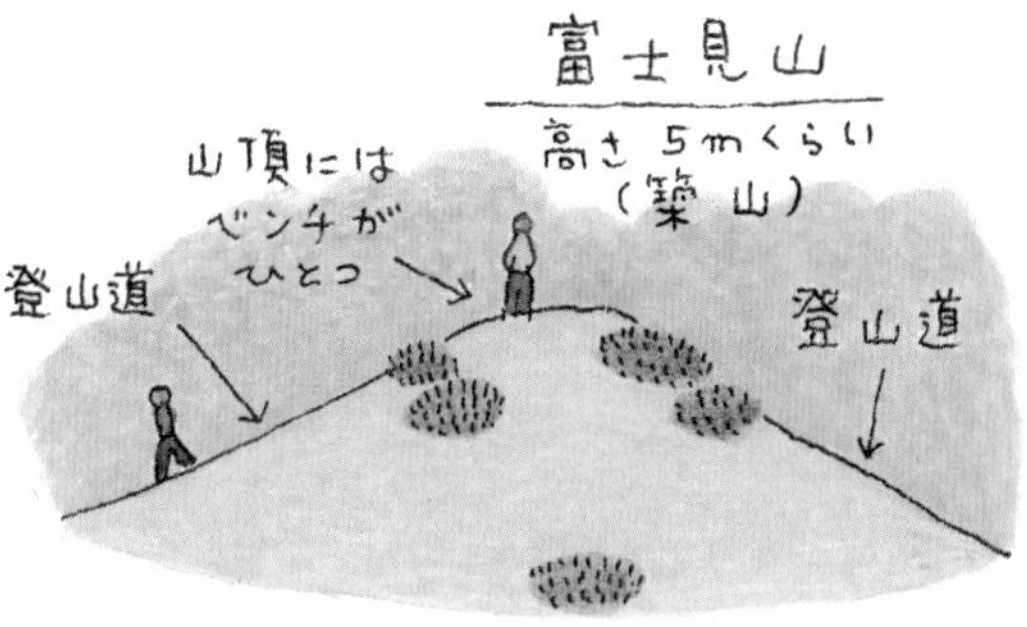

大泉水を西回りに三山を巡ってみた。八景山は潮入りの池の西岸に横たわる小高い丘。三山の序章を思わせる、微妙にうねった尾根道に心が弾む。

ひとつめの「富士見山」は、別名富士山とも呼ばれ、かつては西南方向に本家の富士を望めた。今は木立を背に、北側に開けた山頂から汐留の高層ビルと庭園が広がって見える。裾野は雪を散らしたようにシロツメクサが咲き誇っていた。

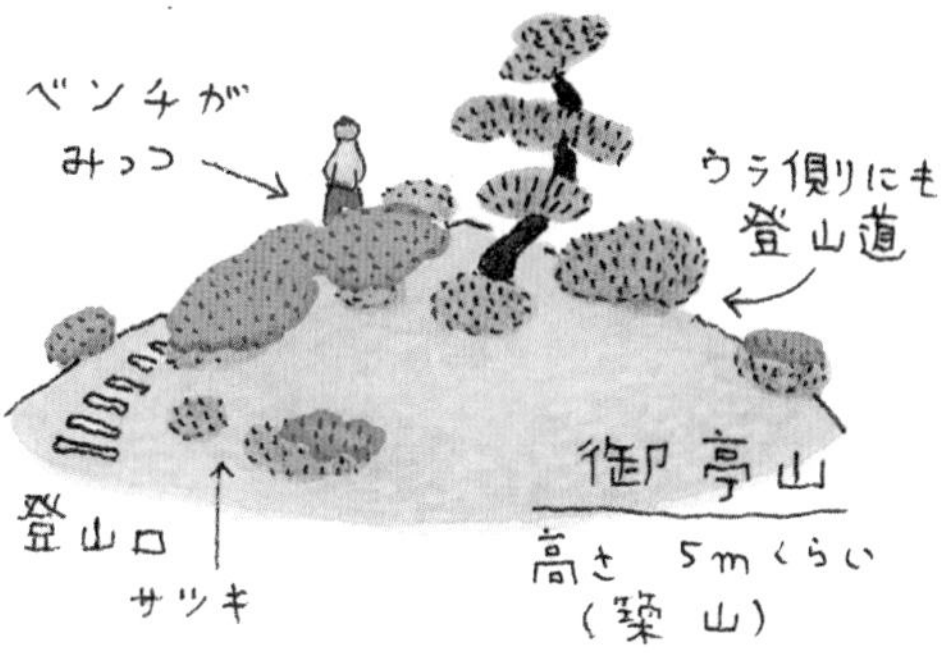

潮入の池に面した「御亭《おちん》山《やま》」は大きな盆栽のよう。サツキと松の木のレイアウトがすてきだ。サツキやツツジは、たなびく雲を表現したもの。振り向くと、富士見山はそれをよく表していた。

海手《うみて》お伝《つた》い橋を渡ると、海辺の山になる。芝草の「樋の口山」は大らかで優美。思わず登山道を探したが、登山禁止だった。脇にある横堀水門は、東京湾の潮の干満を利用して池の水位を上下させる、潮入りの池には欠かせないもの。

水門を渡ると、三つめの「新樋《しんひ》の口山《くちやま》」になる。こちらは登頂できる。眺めはよく、レインボーブリッジやお台場などが一望できた。山頂をあとにして背後の鬱蒼とした森山の小径を歩いていると、まるで深山に迷い込んだ気になった。

山頂から眺める東京湾は格別

大山

おおやま
港区海岸
高さ5メートル
築山

高層ビルに囲まれ、自然を感じられる場所

浜離宮恩賜庭園をあとに、大山のある旧芝離宮恩賜庭園をめざす。庭園西側の、中の御門から海岸通りに出て、徒歩15分。JR浜松町駅からだとたったの1分。本当に近い。

この地は、落語でもお馴染みの「芝浜」と呼ばれたところ。延宝6年（1678）四代将軍家綱から拝領、老中大久保忠朝《ただとも》の屋敷になった。庭園は「楽壽園《らくじゅえん》」と呼ばれ、藩地の小田原から庭師を招き、潮入りの回遊式築山泉水

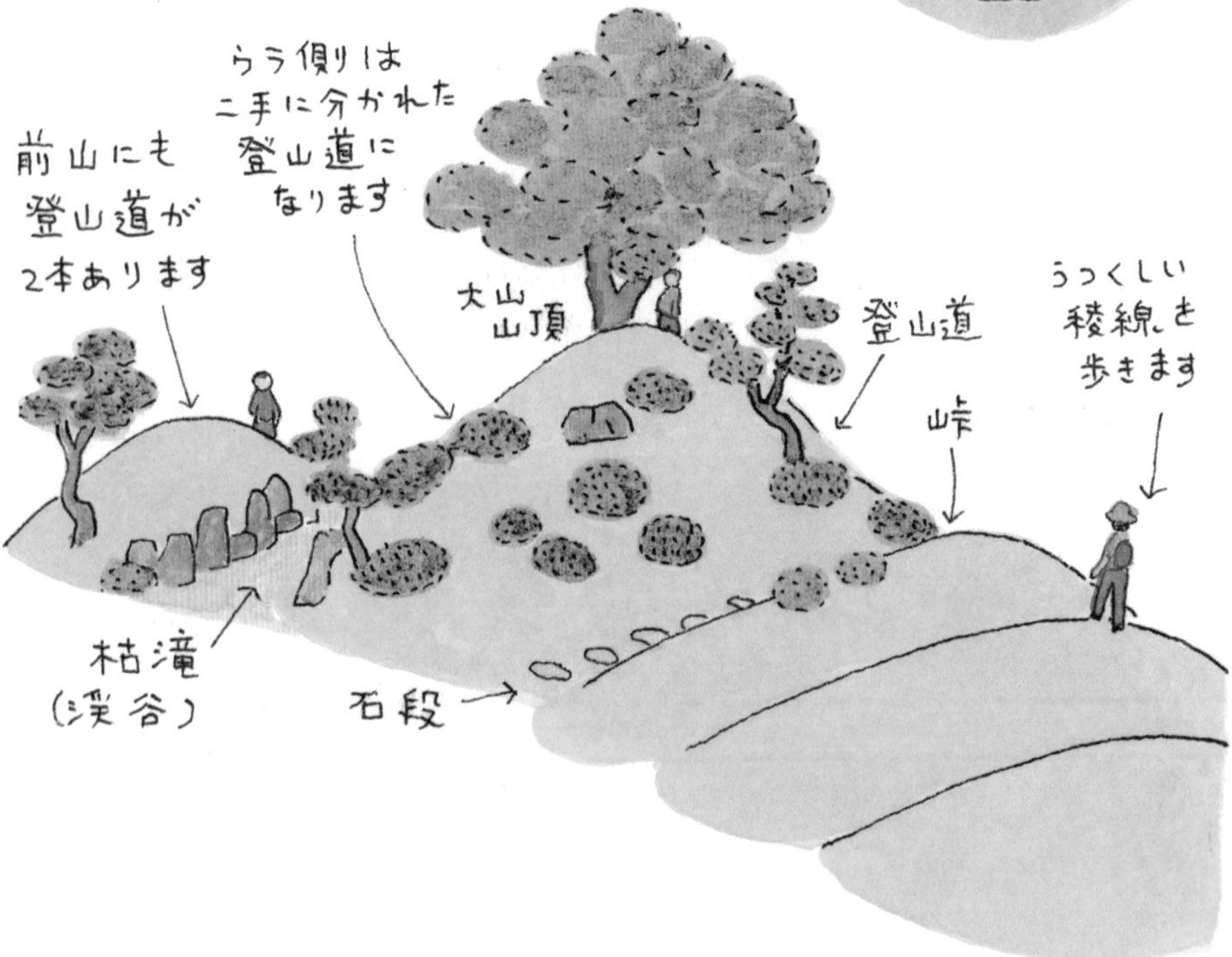

ウラ側は 二手に分かれた 登山道に なります
前山にも 登山道が 2本あります
大山 山頂
登山道
峠
うつくしい 稜線を 歩きます
枯滝 (渓谷)
石段

庭園を造営した。

幕末には紀州徳川家の芝御屋敷となり、明治維新後は有栖川宮家から宮内庁が買い上げて、芝離宮となった。大正13年、皇太子（後の昭和天皇）のご成婚記念として、当時の東京市に下賜され、旧芝離宮恩賜庭園として公開された。

浜離宮が厳めしい門構えの将軍家の庭園であるのに対し、旧芝離宮は趣のあるこぢんまりとした大名庭園。入り口からして、ぐっと親しみやすい。大泉水の西側に沿って行くと玉石の州浜《すはま》になる。かつては海水を引き入れた「潮入の池」も、現在は埋め立てにより淡水になっている。

右手には芝山が横たわり、誘われるように稜線に上がると心地よい小径になっていた。山名がないのが惜しい。

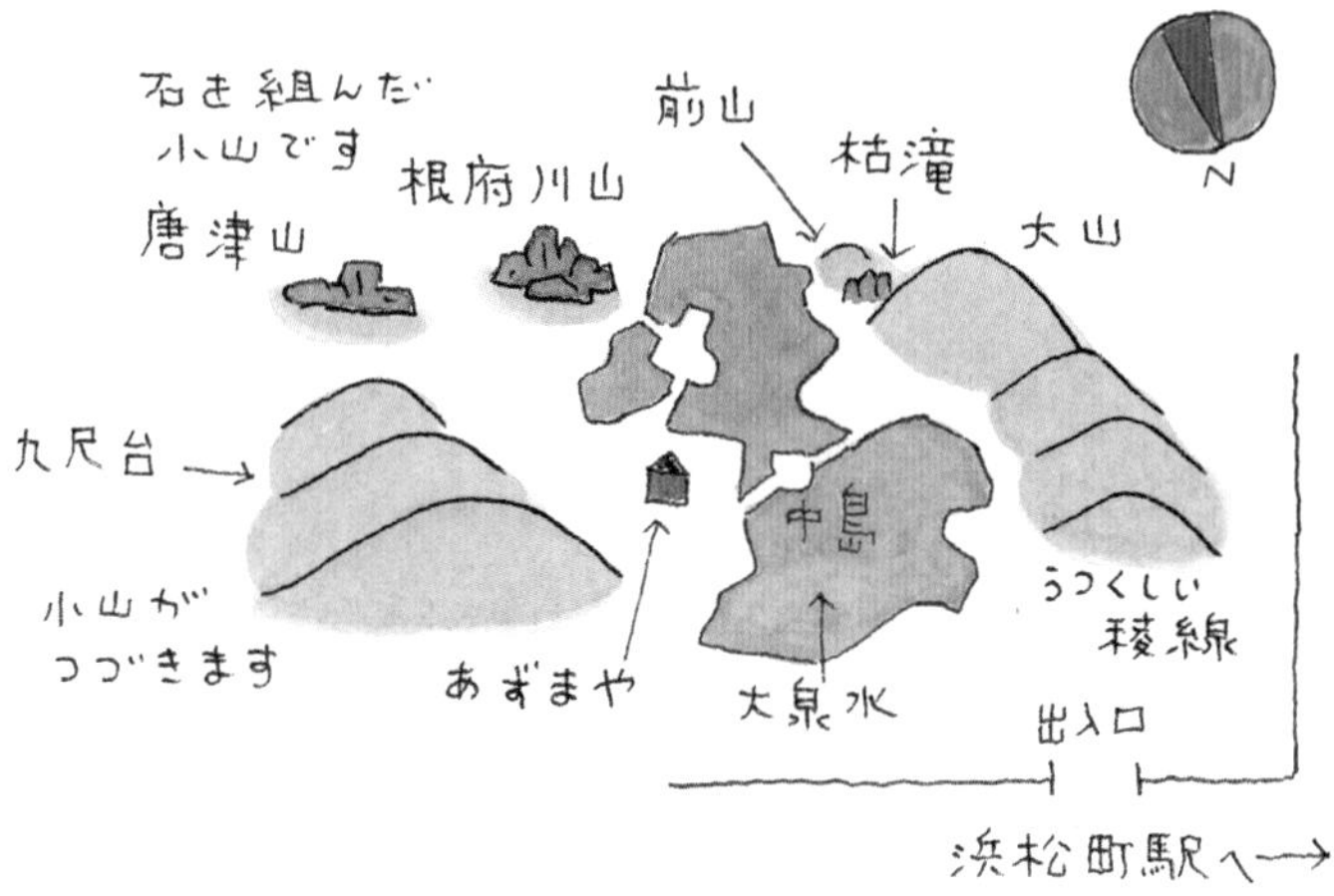

稜線の末端は大山の登山口になっていて、州浜から上がると峠のように思えるところ。山好きにはたまらない演出だ。

丸石を並べた急坂をひと登りで大山山頂に上がった。最高峰だけに眺めはよく、箱庭のような園内を見渡せた。南側を下ると、大山の斜面を割って造られた渓谷が現れた。「枯滝」と呼ばれ、石を組んで滝に見立てたもので、川床は歩けるようになっている。V字に狭まった感じはゴルジュ（峡谷）を思わせた。

大泉水の東岸には根府川山、唐津山と、藩地の小田原から運んだ石組みの築山が続く。高さ2・7メートルということか、「九尺台《きゅうしゃくだい》」と呼ばれた築山がある。明治8年に明治天皇が行幸されたさい、かつて波打ち際にあったこの高台から、漁民たちが漁をするようすを楽しんだという。天皇お気に入りの超低山だ。

庭園のすぐ脇を新幹線や山手線などの在来線、さらにモノレールが忙しく往来している。その光景は、まるで江戸から339年後の東京を遠望しているように思えた。

大山と枯滝は見立ての見本のようですばらしい

千駄ヶ谷富士

せんだがやふじ
渋谷区千駄ヶ谷
高さ約6メートル
富士塚

現存する都内最古の富士塚

千駄ヶ谷富士はぼくがはじめて登った富士塚だ。

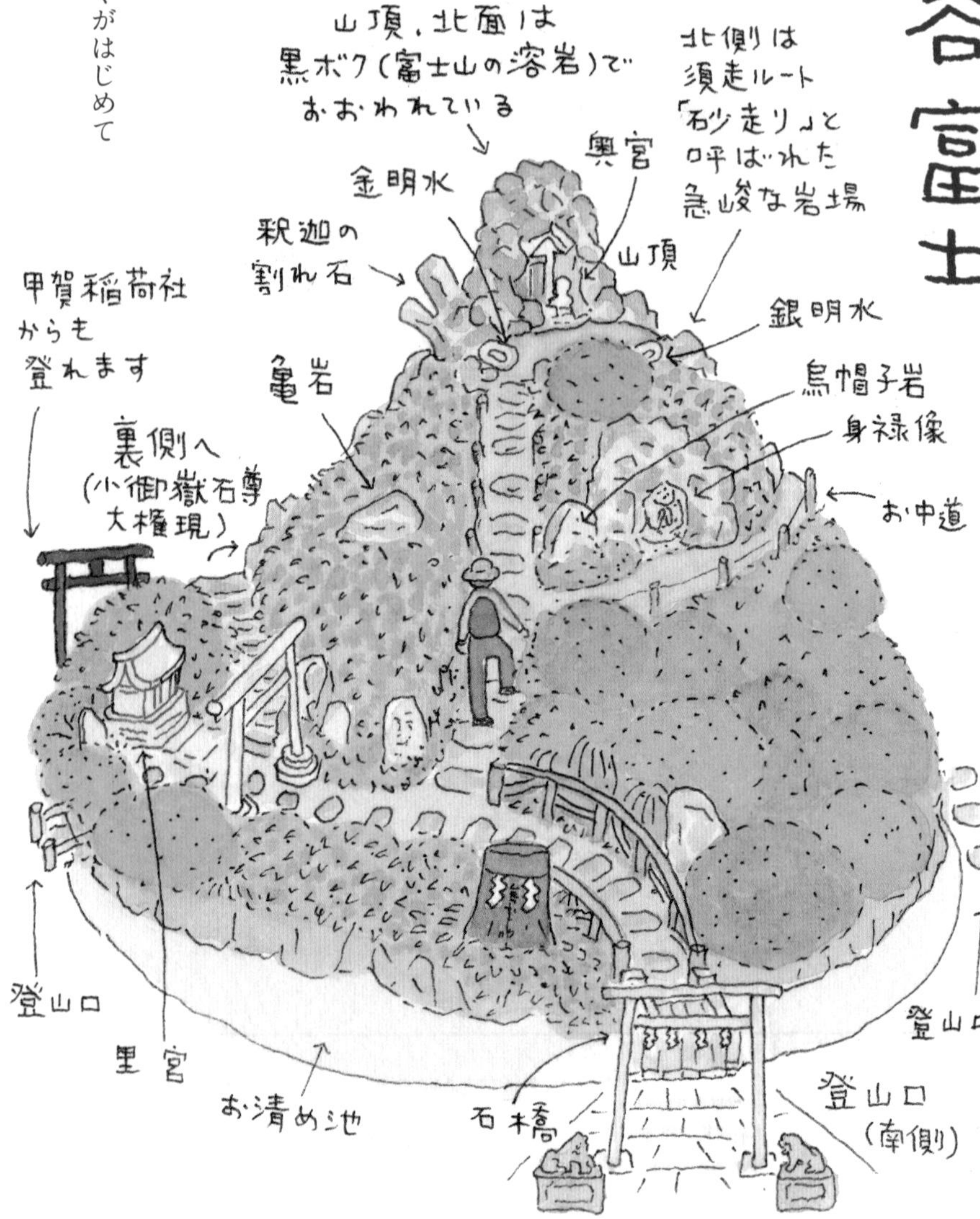

千駄ヶ谷富士

都心でも比較的落ち着いた町、千駄ヶ谷の一角にある鳩森八幡神社。その境内に高さ約6メートルの小さな富士山が鎮座していた。

寛政元年（1789）の築造。都内に現存する最古の富士塚といわれ、『江戸名所図会』にも今と変わらぬ富士が描かれている。

富士山に見立てた姿は、ちょっとふっくらしたコニーデ型で、頂上部は溶岩の黒ボクで固めている。まるで富士塚のお手本を見ているようで、ぼくはいっぺんで好きになった。また一年中いつでも登拝できるのもうれしい。

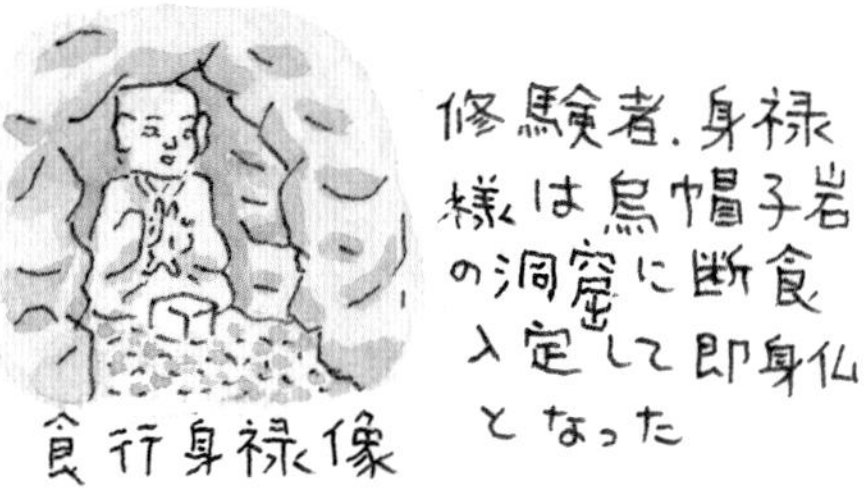
修験者、身禄様は烏帽子岩の洞窟に断食入定して即身仏となった
食行身禄像

富士信仰が盛んだった江戸中期、市中には「江戸八百八講」といわれるほど多くの富士講があった。講とは、参拝登山をするために作られたグループのこと。でも富士山を登るのは難行苦行で、いつでも誰でも登頂できるわけではない。そこで行けない人たちのために土を盛って、ミニチュアの富士山を造った。それが富士塚のはじまりだ。

登山口の脇に富士塚の案内板がある。これがまた険しく描かれて登高欲を誘う。富士塚に欠かせないアイテムも満載され魅力的だ。

登山口は全部で4カ所。南西に向いた正面登山口の鳥居をくぐり、石橋を渡る。池は富士五湖を見立てたもの。池の花菖蒲は開山式のころに咲き始める。浅間神社の里宮を過ぎると、露岩とクマザサに覆われた胸突き八丁の急勾配になる。見上げれば釈迦の割れ石が突き出ている。

小さな山頂は二人も立てばいっぱいの広さ。そこに黒ボクで囲まれた小さな奥宮が祀られている。本家の富士山と同じように、左右には霊水とされる金明水と銀明水を石の窪みに再現していて、芸が細かい。

下山路は急峻な須走《すばしり》ルートの名物「砂走り」になる。ここを慎重に下って小御嶽石尊大権現のあるお中道に出た。その先には烏帽子岩を模した岩窟に食行《じきぎょう》身禄《みろく》像が安置されている。身禄さんは、富士山の岩穴で即身成仏して富士講の信仰を広めた修験者だ。小さいので見落とさないように。何度登っても楽しいミニ富士だ。

富士登山記念のご朱印もあります

品川富士

しながわふじ

品川区北品川

高さ約7メートル

富士塚

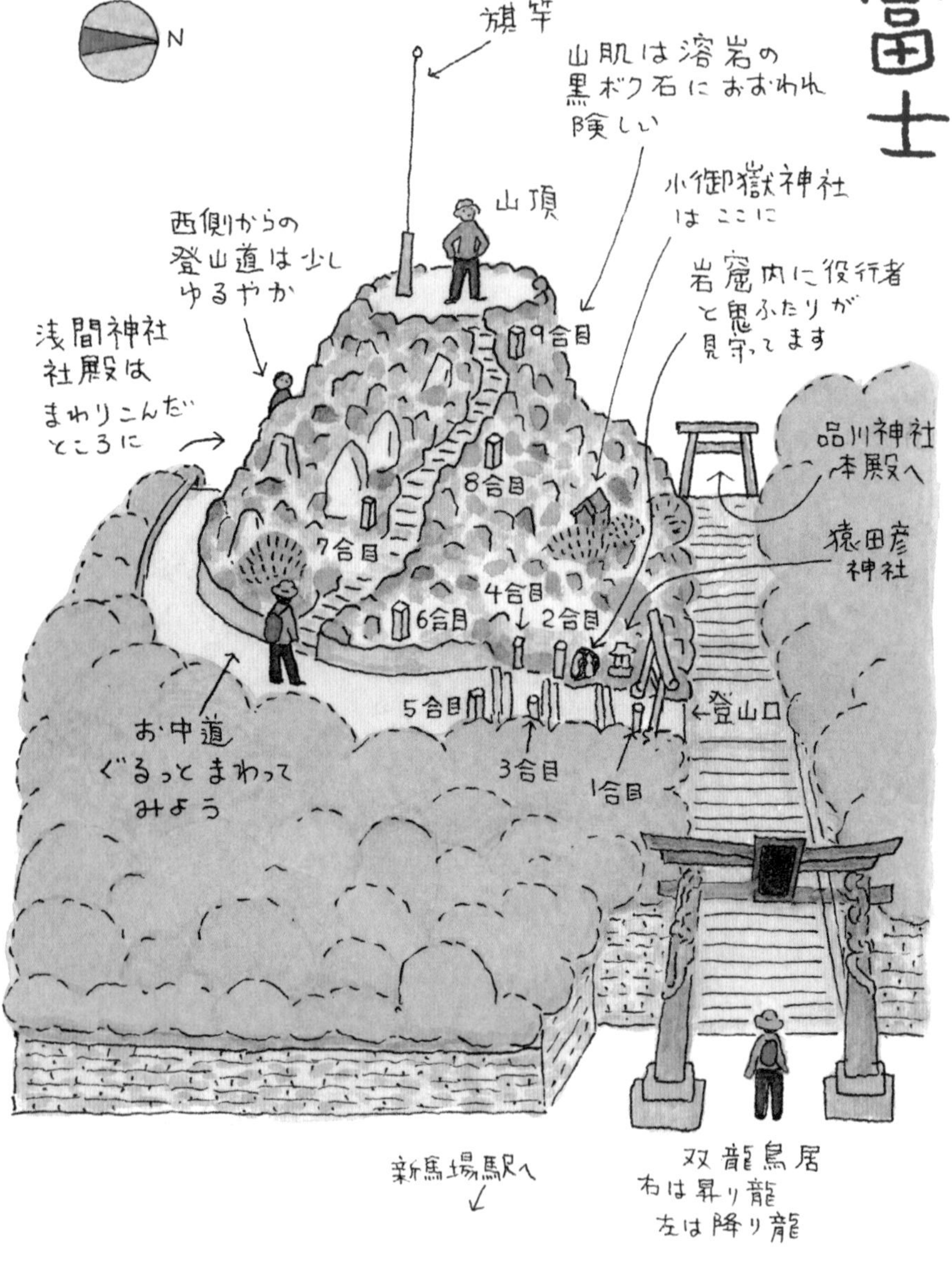

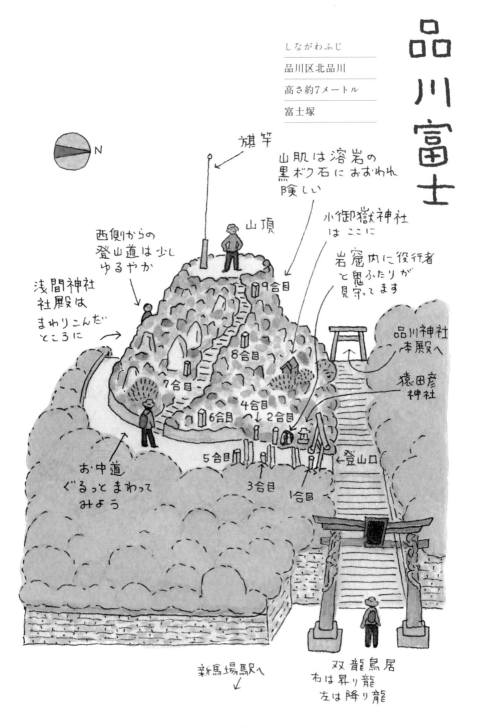

穂高を思わせる迫力の岩壁!

京浜急行電鉄の品川駅から新馬場駅《しんばんば》にさしかかると、車窓に絶壁が現れ、人が貼り付いているように見える。岩壁の正体は品川富士。富士山に見立てて造られた山だが、正面から眺める山容は穂高岳の岩壁を思わせる雰囲気がある。山は極小でも迫力満点だ。

新馬場駅を出ると、第一京浜国道をはさんで芳葉岡《よしばおか》という高台がそそりたっている。山麓には凛々しい狛犬と、石造りの双龍鳥居が建ち、高みの社殿に向かって石段がつけられている。北品川の鎮守、品川神社だ。

品川富士はその急斜面の上部に岩隗を乗っけたように鎮座していた。地上からの高さは15メートル。富士塚は人工の富士山で、富士講と呼ばれる参拝グループにより造られた。富士塚を登れば、本家の富士山を遥拝するのと同じご利益があるというものだ。

品川富士は明治2年(1869)、品川丸嘉講社《まるかこうしゃ》の講中約300人によって築造され、大正11年(1922)に第一京浜国道建設のとき、西へ数十メートル移動した。現在も富士講の人びとによって守り継がれ、7月1日の富士山開きも行われている。

さて登山開始。龍の鳥居をくぐり、53段ある石段の中腹左手に登山口がある。2合目にはわらじを奉納した足神様の猿田彦《さるたひこ》神社もあるので、健脚を祈願していく。合目石の間隔は4、5歩ほど。5合目のお中道まであっという間だ。

車窓から見えた岩壁はここから上部。溶岩の黒ボク石を重ねた急峻な築山になる。山頂までの高さ7メートル、荒々しい岩場の登山道だ。クサリが付いているが、高所の苦手な人は下を見ないように。9合目を越えれば安全地帯の山頂だ。

屋上のような平べったい頂上には富士塚に付き物の浅間神社奥宮の祠が見当たらず、なぜか旗竿がぽつんと立っていた。展望は素晴らしく、高度感は都内の富士塚で一番といっていい。赤い電車の京急が走る向こうは、かつて海だった。今はレインボーブリッジがビルの隙間に望める。下山は山頂裏手の登山道から下ろう。5合目のお中道を回った西側に浅間神社が祀られている。品川神社をお参りして、帰り道は石段ではなく北側の樹林の中の古道を下った。

毎年7月第1日曜に、丸嘉講が白装束で山開きを行う

鉄砲洲富士

てっぽうずふじ
中央区湊
高さ5.4メートル
富士塚

槍ヶ岳の穂先のようなゴツゴツ感

地下鉄に乗って八丁堀へ。中央区で唯一の富士塚、鉄砲洲富士を

浅間神社
奥宮
山頂
全体が黒ボクでおおわれている
フォルムがすてきな烏帽子岩
小御嶽神社の石祠(5合目)
お中道もあってぐるっと回れます
ウラ側に下山路
胎内はここに
お清めの池
登山口
急な石段を登ります
講の石碑が30ほどある
「マルフジ」と呼ばれた丸藤講の印です
※鳥居は省略してます

めざした。捕物帳でお馴染みの「八丁堀の旦那」を思い浮かべながら、銀座、日本橋ととなり合わせの八丁堀に「お富士さん」があるなんて、想像するだけで胸が躍る。

この富士塚は寛政2年（1790）築造され、これまで4度の移築を経て、現在の場所に至っている。『江戸名所図会』に描かれた一代目の鉄砲洲富士は、江戸湊と八丁堀が合わさった稲荷橋のたもとにあり、出入りする廻船の船乗りたちのランドマークになっていた。絵を見ると、その姿は今よりずっと大きかったことがわかる。

鉄砲洲神社が現在地に遷座したのは明治元年のこと。富士塚は、明治7年に再築造された。何度か境内の中を移動してきた「お富士さん」だが、これが最後とばかり「平成の大改修」が始まろうとしていた。

お会いした宮司の中川文隆さんは、本来の姿に戻したいと熱い思いを語った。解体時には、黒ボク石ひとつひとつに番号を付け、元の姿に復元するという。これまでとなりの建物に寄っていた富士塚を2メートルほど前に動かし、ぐるりと回れるようにするというから楽しみだ。

登山道は急峻だ。高さは5メートルほどで、初代の3分の1ほどになっても存在感はすごく、全体に黒ボク石がまんべんなく盛り付けられていて、ゴツゴツ感は半端ない。まるで槍ヶ岳の穂先のようで、思わず小槍と呼びたくなる。溶岩の斜面にはいくつも講碑が岩にへばりつき、5合目には小御嶽神社が祀られている。タコの頭のような烏帽子岩は、富士塚にはかかせないアイテムのひとつだ。

山頂には浅間神社奥宮が鎮座している。高さは建物の2階ほどだが、意外なほど高度感がある。ちょっとした岩登りをしているような気分だ。となりにある銭湯は、かつて山頂から女湯が望めたという。そのため先代がコンクリート壁を高く築いたというからおもしろい。下町らしい落語のような話だ。それも今はモダンなビルの銭湯に変わった。2017年4月、5度目の引っ越しを終え、塀のない円錐形の鉄砲洲富士がよみがえった。

登拝できるのは7月1日の山開きの日だけ

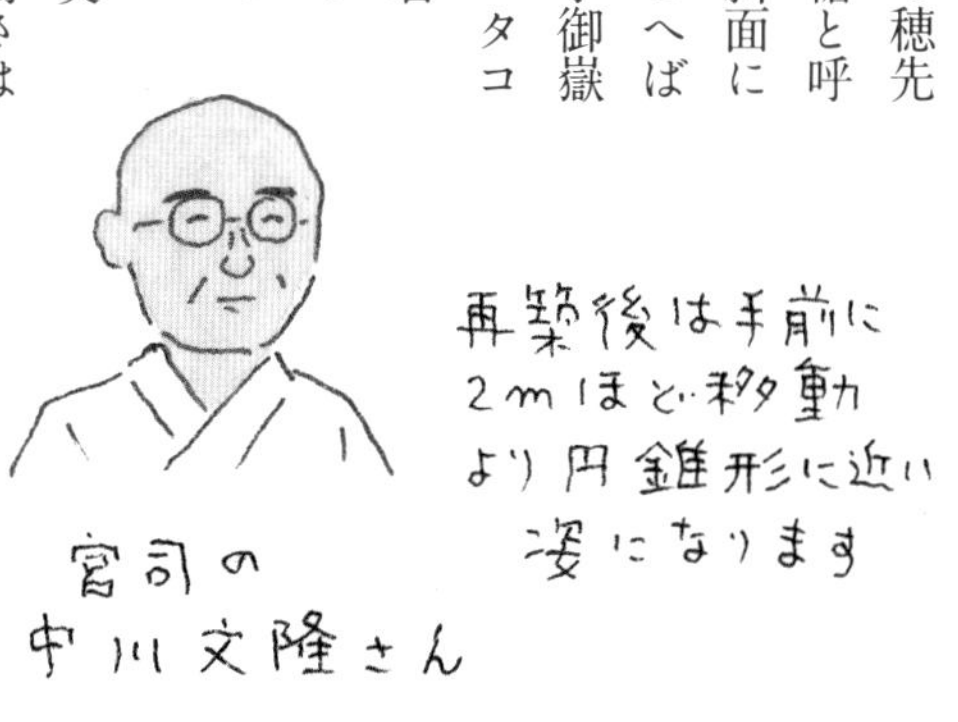
再築後は手前に
2mほど移動
より円錐形に近い
姿になります
宮司の
中川文隆さん

江古田富士

えこだふじ

練馬区小竹町

高さ約8メートル

富士塚

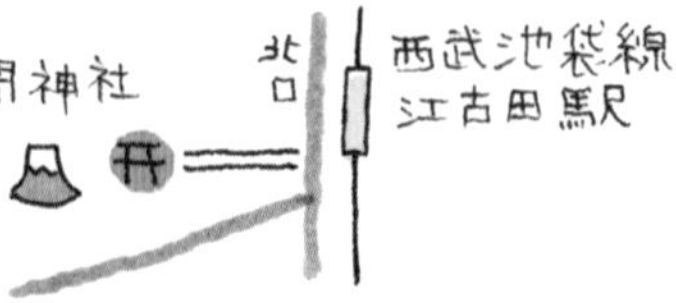

駅を出て1分、まさに駅前富士

駅前に「富士」がある、というと、つい蕎麦のチェーン店を思い出してしまうが、そうじゃない。西武池袋線江古田駅北口を出ると、すぐに浅間神社がある。参道を真っすぐ行った社殿の奥に「江古田富士」が鎮座してい

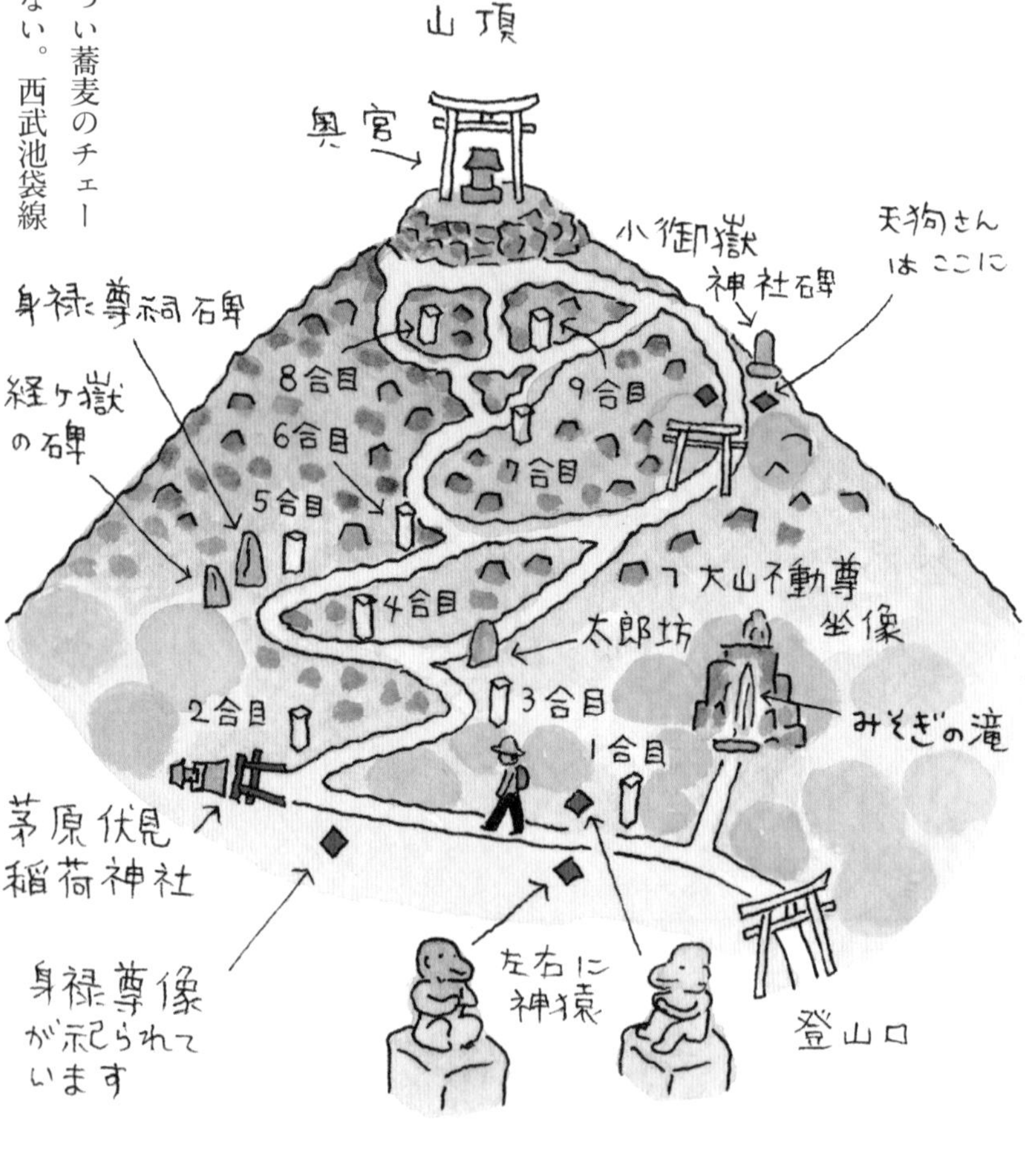

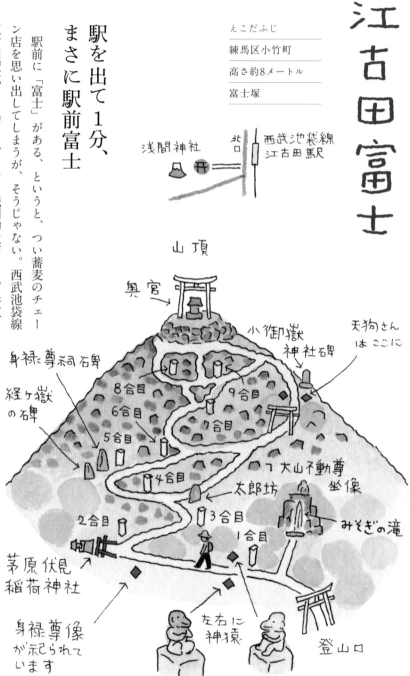

た。駅から1分、まさに駅前富士だ。

じつは「江古田富士」は国の重要有形民俗文化財に指定されていることもあって、ふだんから柵は閉じられ立ち入り禁止になっている。入山できるのは正月三が日と山開きの7月1日、そして9月の浅間神社祭礼日のチャンスは年に3回だけ。それだけに気合いも入る。ほかに都内で重文に選ばれている富士塚は、豊島区の長崎富士と台東区下谷の坂本富士しかない。

夏のはじまり、山開きの7月1日に訪れた。高さ約8メートル、直径約30メートルの富士塚はじつに堂々としたもの、国の文化財だけあって奥深さを感じる。江戸後期の天保10年（1839）、下練馬村、中新井村、中村の各講が集結した富士講の一派小竹丸祓講《こたけまるはらいこう》によって築かれたという。今から200年ほど前のことだ。

鳥居をくぐり右手に見えてくるのはみそぎの滝。細い流れの落ち口には大山不動尊坐像が鎮座している。登山道に戻って、まずは狛犬ならぬ猿の石像がお出迎えしてくれる。猿は神のお使いといわれ、その姿はなんともかわいらしい。

2合目手前には、富士講の立役者の身禄像がお社におさまっている。赤い鳥居のお稲荷さんから本格的な登山になる。「足元に気を付けてね」とおばさん3人組が声を掛け合っている。見上げると溶岩の黒ボク石がぎっしり山肌を覆い、荒々しい。その間をジグザグに道が切ってある。みんな目印の号目石を探しながら、どっぷりミニ富士を堪能している。

一段高くなった山頂には築造当時の奥宮が祀ってあった。下りは小御嶽神社を見て、大正12年造立の大天狗と烏天狗の石像とつづく。小さな男の子がおそるおそる天狗さんをじっと見ていた。

下山すると駅のアナウンスが聞こえてきた。振り返ると、森に包まれた江古田富士はなんの違和感もなく駅前に聳えていた。

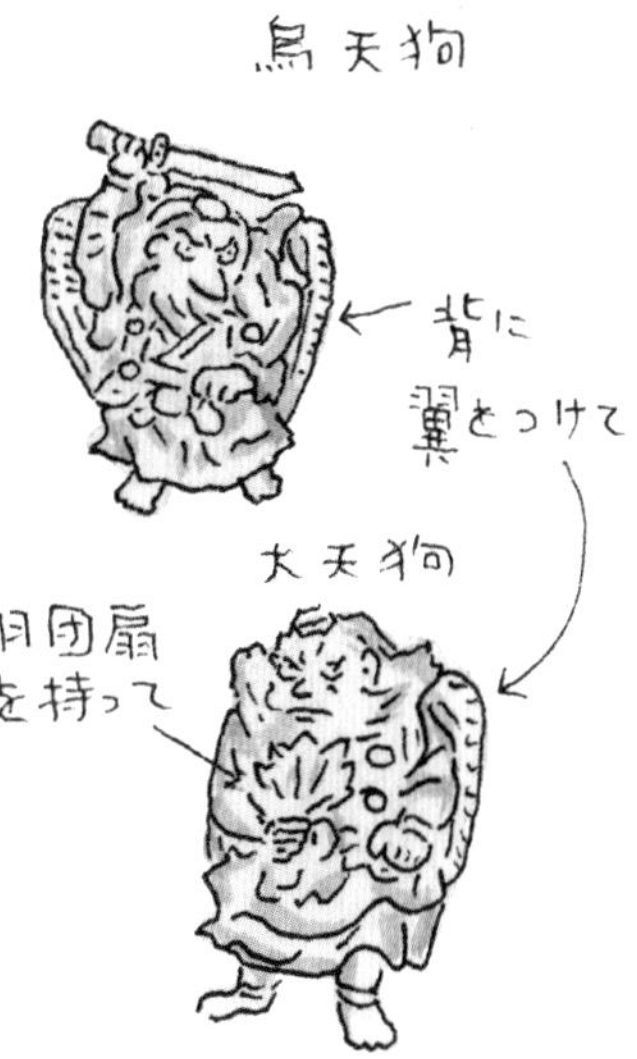

登拝のチャンスは年に3回、見逃さないように

長崎富士

住宅街に現れる清楚かつ堂々とした姿

駅前富士もあれば、住宅街に忽然と現れる富士もある。ふだんは下りることもない東京メトロ要町《かなめちょう》駅から地上に出ると、一瞬どちらを向いているのか迷った。江古田富士のように駅前にあれば、ほぼ迷うこともなくすんなり着けるが、むしろこれは例外。宝もの探しではないけれど、地図を片手に探すほうが多い。

歩くこと10分、住宅街の路地から子どもたちの声が響いた。そこは小さな児童公園で、ブランコの向こうに長崎富士は鎮座していた。金網のフェンスで囲われて、公園とはまるで別世界のようだ。じつは長崎富士は国の重要有形民俗文化財に指定され、登山は禁止されている。

都内で指定されている富士塚は、ほかに小野照崎神社の下谷坂本富士、江古田浅間神社の江古田富士の3基だ

ながさきふじ

豊島区高松

高さ約8メートル

富士塚

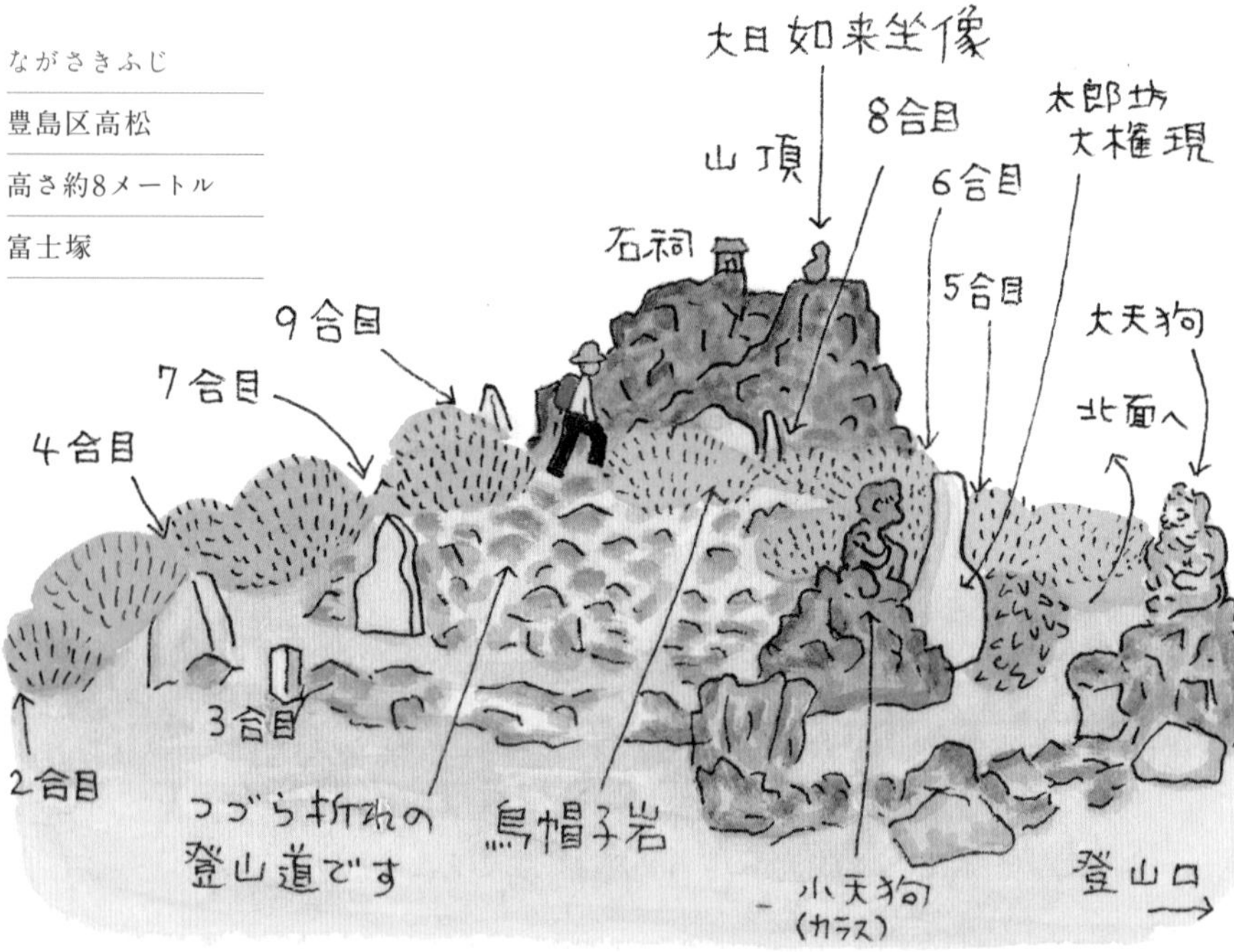

け。そのなかで唯一封印されていた長崎富士が2014年に半世紀ぶりに開山された。

長崎富士は、江戸末期の文久2年（1862）に富士講のひとつ、豊島郡長崎村の月三講（椎名町元講）の人びとによって築造された。高さ8メートル、直径21メートルの清楚で堂々とした姿だ。再開後は、毎年7月の山開きの2日間だけ登頂できるようになった。

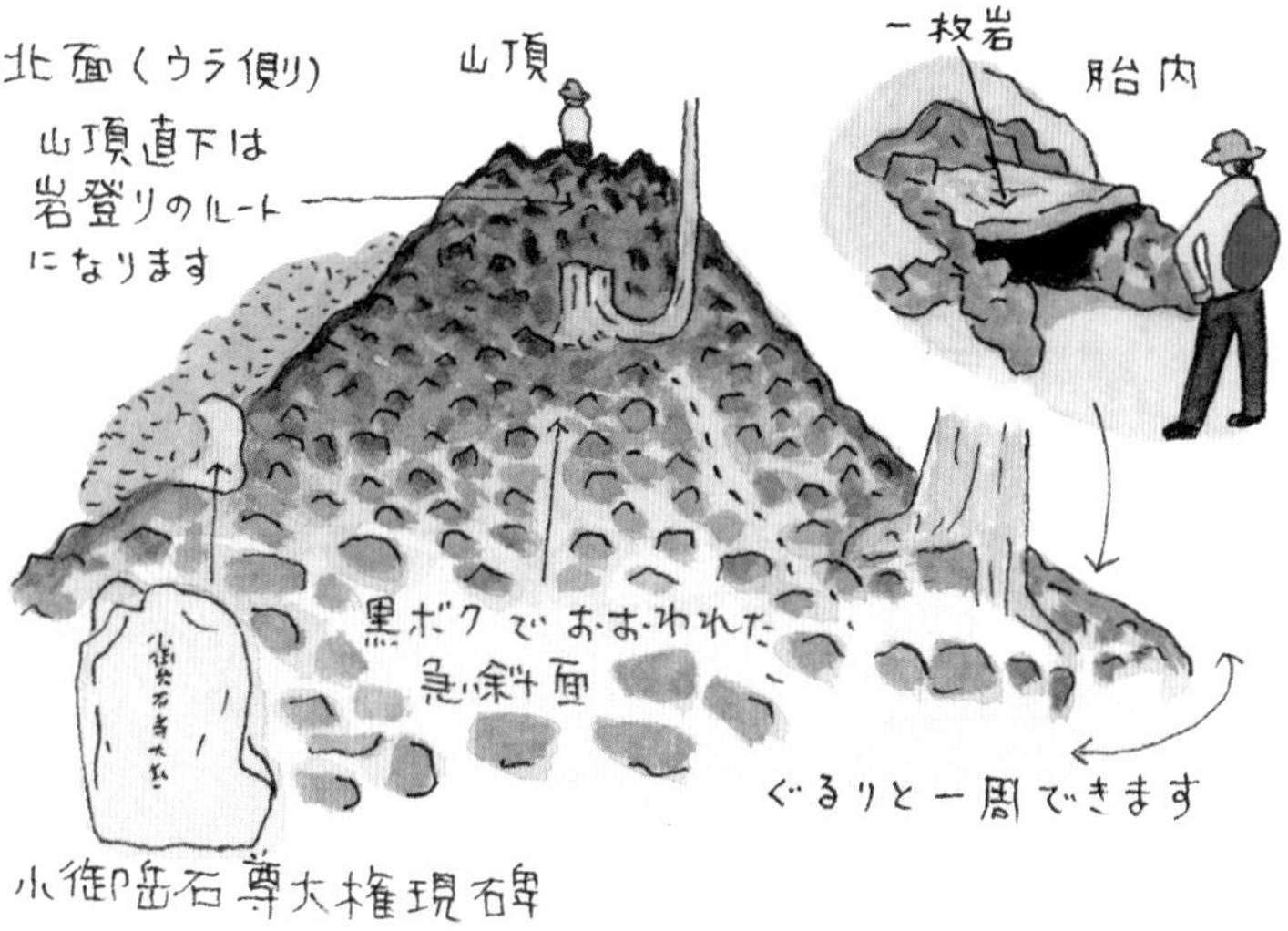
北面（ウラ側）
山頂直下は
岩登りのルート
になります
山頂
一枚岩
胎内
黒ボクでおおわれた
急斜面
ぐるりと一周できます
小御岳石尊大権現碑

今日は記念すべきお山開き。浅間神社の社殿前では、富士元囃子による笛や太鼓に鉦の粋な五人囃子でテンポよく盛り上げる。登山口の扉は開かれ、待ち望んだ老若男女が山道に列をなしている。子どもたちも真剣にアタックだ。地元の女子中学生たちだろうか、先達する富士塚保存会の案内に熱心に耳を傾けていた。

登りはじめると、麓から山頂まで講碑や石像がずらりと並んでいる。その数、約50基。烏帽子岩、太郎坊や小御岳の大権現碑、御胎内、探すのが楽しい合目石。天狗も猿もいて見どころ満載だ。

「三十三度」と記された講碑は、33回先達すると大先達になるというもの。「六十六度」もあるからすごい。登拝は年に2、3回行ったという。裏側もぜひ回ってほしい。表富士よりさらに荒々しい山容をみせる。

下山後は要町の昔ながらの銭湯「山の湯」へ。湯船から望む富士山もまたいい。

講碑や石像がずらりと並ぶ、じっくり見ていこう

成子富士

なるこふじ

新宿区西新宿

高さ約12メートル

富士塚

時空を超えた存在感、溶岩の城壁

新宿駅西口から青梅街道を行くと、右手に成子天神社が現れる。参道に入ると1100年の歴史を誇る神社にしてはどこか趣が違う。じつは高層マンション群の開発に伴い、境内は隅々まで真新しくなっていたのだ。朱色の本殿は眩しいほどの造り。撫牛《なでうし》があることからわかるように、ここには「学問の神様」として知られる天神様、

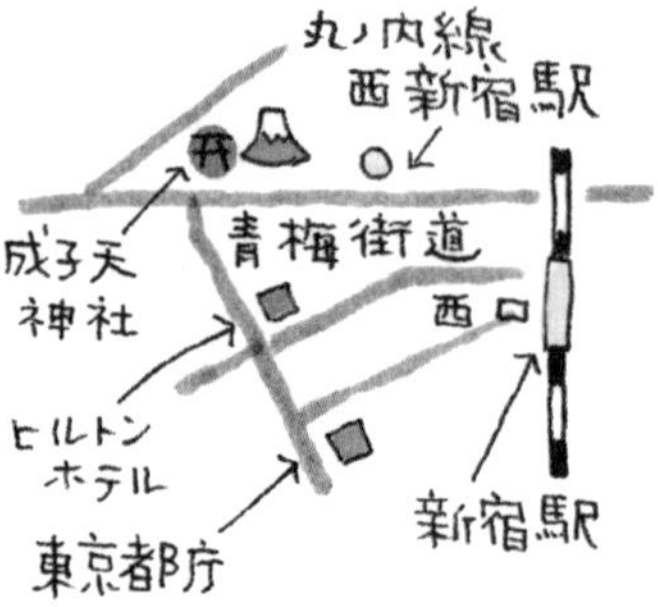

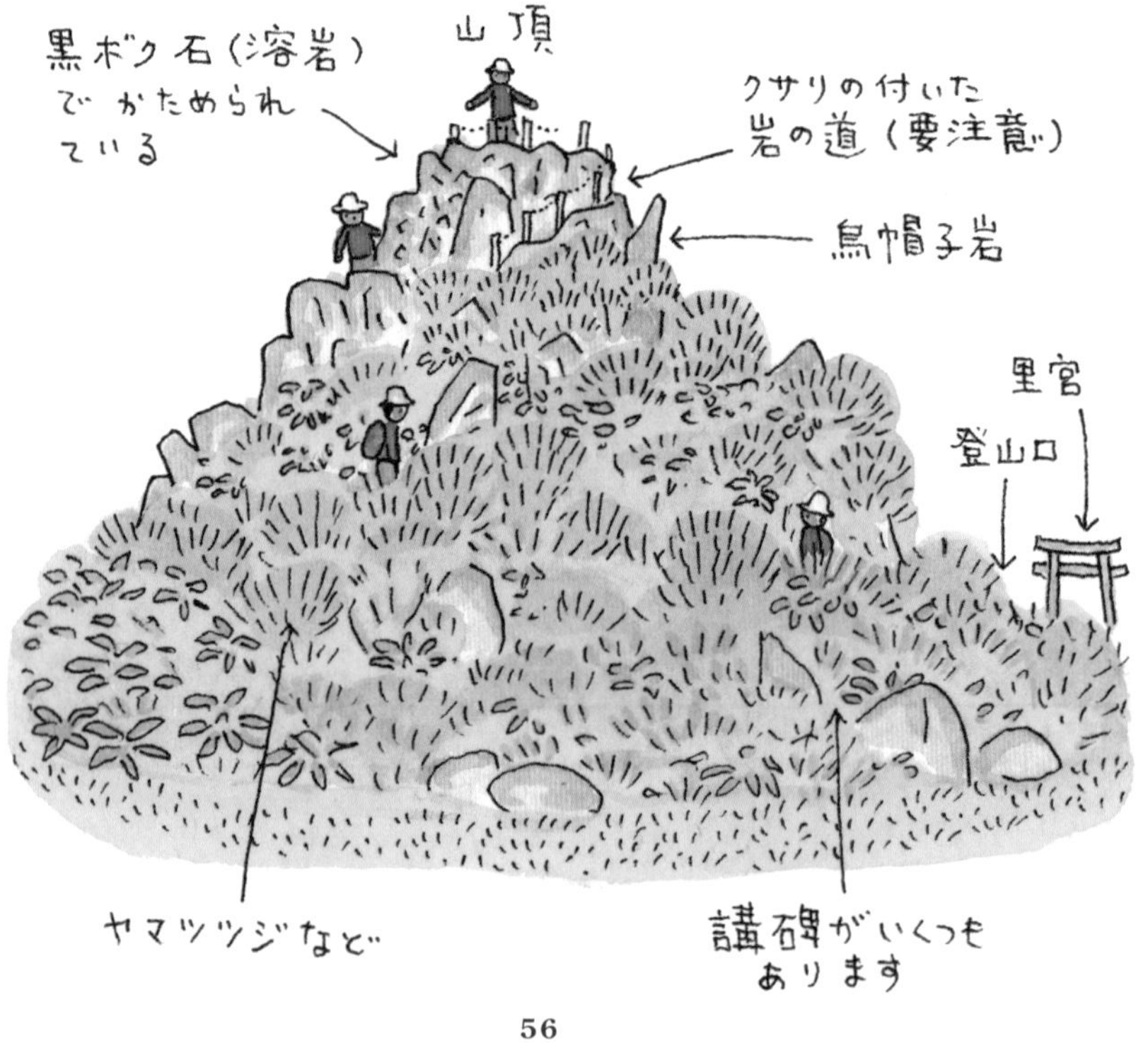

菅原道真が祀られている。

さて高層マンションを背に成子富士はどこかに鎮座しているはず。何事もなければいいのだが。ちょっと落ち着かない気分でいると、幼い女の子がトコトコと本堂に向かい小さな手を合わせた。若いお母さんは赤い楼門の下で愛娘の微笑ましい姿を見守っている。

「今日いいことがありますように」と女の子の願いが小さく聞こえた。ぼくも同感だ、「きっといいことあるよ」と心の中でつぶやいた。

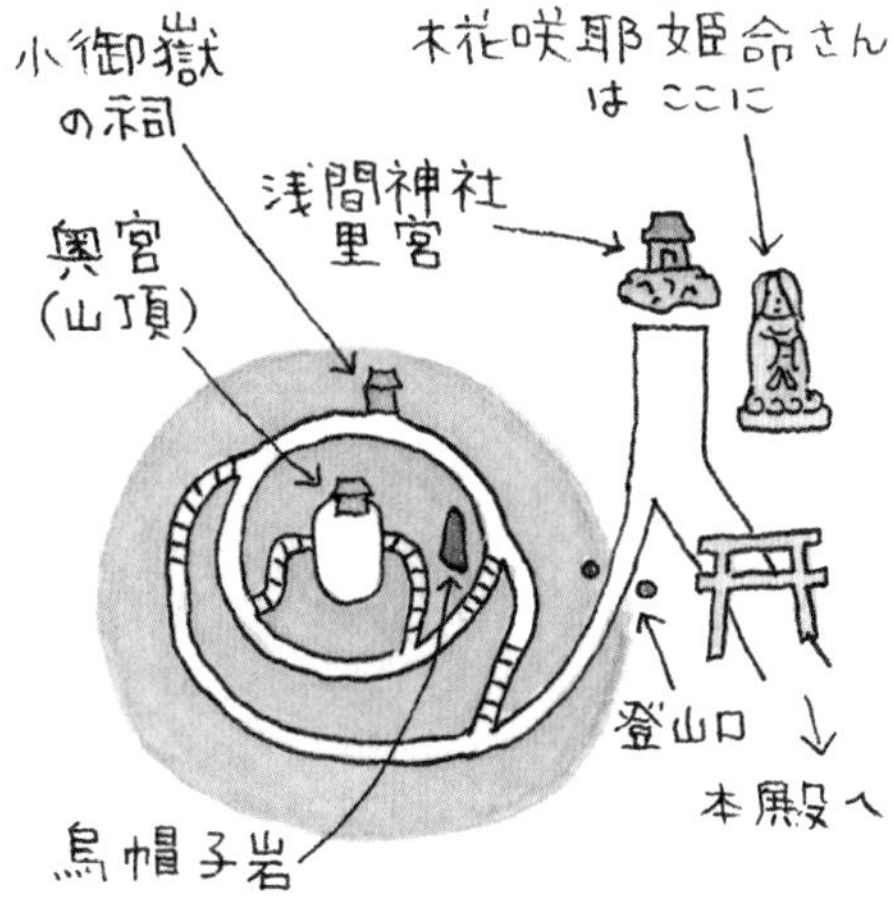

本堂左奥に目をやるとそこに成子富士の姿があった。富士塚の姿はほぼ昔のままのようだ。変わったのは東日本大震災の影響で修復されたことぐらい。黒ボクを配した円錐形の富士は、まわりの高層ビルに負けないくらい、時空を超えた堂々とした存在感を誇示している。

大正9年（1920）、境内にあった天神山をベースに高さ約12メートルの富士塚が築かれた。富士講は柏木・角筈《つのはず》地域（現在の北新宿、西新宿）の人びとが中心になって組織した丸藤成子講が運営にあたった。講の力もあったのか、新宿区内でもっとも大きな富士塚で、溶岩もたっぷり使われている。

鳥居をくぐり1合目に入る。下部はツツジなどが植栽され講碑や烏帽子岩などを配し、お中道にはちょこんと小御嶽神社も祀られている。上部は傾斜がぐっと増し溶岩の城壁を思わせる。登高欲をそそるうまい造りだ。

奥宮のある山頂は狭くて、同時に立てるのは3、4人がいいところか。急峻なだけに高度感はなかなかのもの。見わたすと新宿の超高層ビルが聳えていた。これまで、登拝は大晦日と正月7日までに限られていたが、今はいつでも楽しめるようになった。これはうれしいことだ。

山頂部は険しく迫力満点

忘れられた山

その❷ 狭山富士

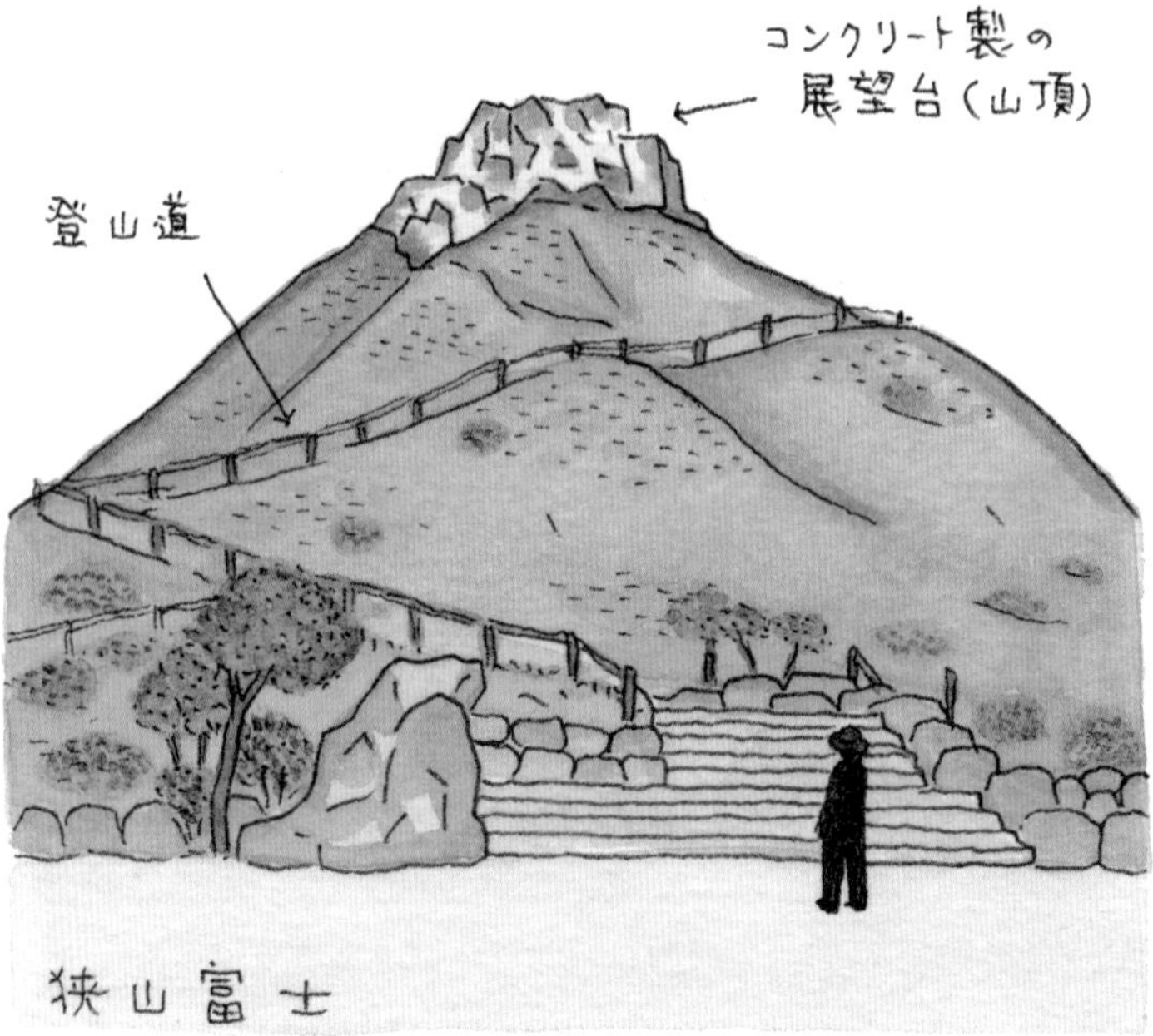

もうひとつ、郊外にでっかい富士があった。現在の東京都東大和市、ちょうど埼玉との県境にまたがる村山貯水池（多摩湖）と山口貯水池（狭山湖）の池畔に、かつて狭山《さやま》富士と呼ばれた大パノラマ台があった。

東京市民の水がめとして、大正5年から17年かけてふたつの貯水池が造られた。狭山富士はそのときに出た残土を盛った人造山で、昭和8年（1933）に観光スポットとして華々しくデビューした。当時、都心からの行楽客を誘致するため鉄道事業も加わり観光地化を図ったものだった。

富士山を模した山容は、池面からの高さ48メートル、標高151メートルを誇った。裾野を石垣で囲み、石段を上がるとつづら折りに登山道が付けられ、山頂部は白雪をイメージしてセメントで覆っていた。

眼下に貯水池を、遠く四方を望め、本家の富士を一望できたが、翌年の風雨によりコンクリートが崩れ落ち泥の山になった。いまは草木の中に崩壊したコンクリート片の頂がそっと残されている。

3章

山と山をつないで縦走へ

東京アルプス

芝丸山（標高22メートル）
↓
紅葉山（標高20メートル）
↓
東京タワー大展望台
（地上150メートル）
↓
愛宕山（標高26メートル）
↓
西久保八幡山
（標高22メートル）

※約4キロメートルのコース

都会の真ん中の縦走路

高層ビルの谷間から遠慮がちに見える東京タワー。今や高さでは、圧倒的に６３４メートルの東京スカイツリーには叶わないけれど、その佇まいは年月を経て愛おしく思える。

ちょっと強引かもしれないが、東京タワーを「山」に見立ててみた。すると美しい「赤い針峰（針のように鋭い岩峰）」に見えてきた。うれしいことに、高さ１５０メー

丸山北面の登山道
まるで山の中にいるような気分になる

トルの大展望台までは、外階段をつづら折りの登山道のようにして登っていける。

　江戸時代には、富士山を模した富士塚や大名庭園の築山があったように、工業都市であった昭和の東京の築山として見ると、じつに堂々とした山容に思えてくる。

　近くには、江戸の名山として名を馳せた愛宕山がある。増上寺を挟んで南側には、こんもりとした森に包まれた芝丸山《しばまるやま》がある。これをつなげてみると、都心のど真ん中に小さなアルプスが浮かび上がった。歴史の詰まった都会のなかの縦走路。シンボリックな存在として「東京アルプス」と呼んでいいかもしれない。

　スタートは芝丸山から。赤い針峰・東京タワーを経て、ゴールを愛宕山とした。登山口へは地下鉄三田線の芝公園駅が便利。駅を出るとすぐに、すくっと立った東京タワーがお出迎えしてくれる。芝丸山は芝公園の一角に鬱蒼とした森山になっていた。

　山麓には「銀世界」と呼ばれる約70本の紅梅・白梅の梅林がある。「銀世界」という美しい響きは、新宿角筈にあった梅林から付いたもの。それを明治41年ごろに移植したという。そのとなりには徳川家康を祀った芝東照

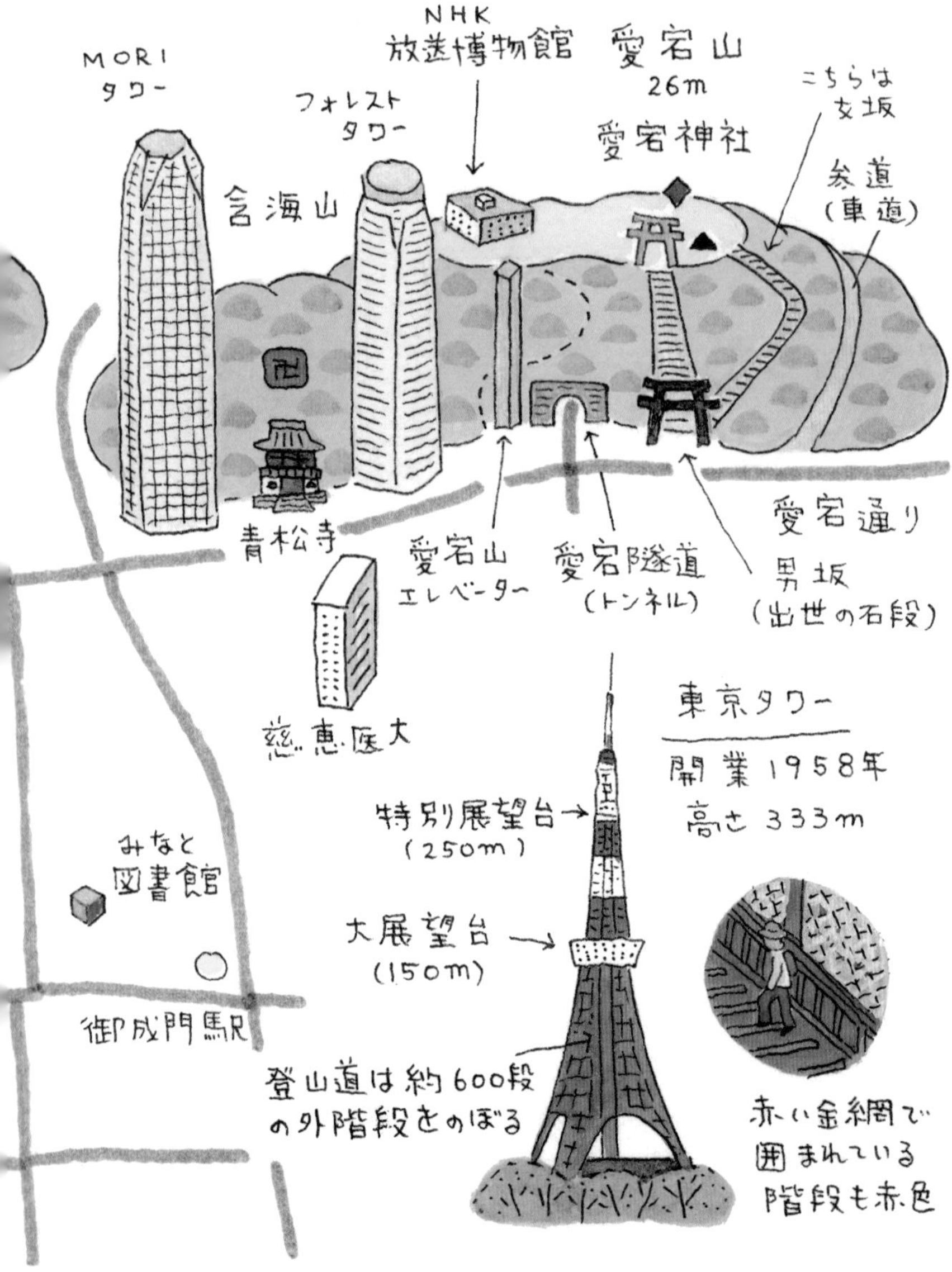
MORI
タワー
NHK
放送博物館
愛宕山
26m
フォレスト
タワー
こちらは
女坂
愛宕神社
参道
(車道)
青海山
青松寺
愛宕山
エレベーター
愛宕隧道
(トンネル)
愛宕通り
男坂
(出世の石段)
慈恵医大
東京タワー
開業1958年
高さ333m
特別展望台
(250m)
みなと
図書館
大展望台
(150m)
御成門駅
登山道は約600段
の外階段をのぼる
赤い金網で
囲まれている
階段も赤色

麻布十番
虎ノ門
東京タワー
333m
桜田通り
もみじの滝(高さ10m)
紅葉山
20m
小山になっている
観音堂
赤羽橋
宝珠院
三田
もみじ谷
ザ・プリンス
パークタワー東京
観音山
(消滅)
伊能忠敬碑
墓所
東京プリンス
ホテル
芝丸山
22m
見晴らしの
いい広場
増上寺
西向観音
千躰子育
地蔵尊
芝東照宮
円山稲荷
二天門
梅園
(銀世界)
芝公園
三解脱門
(三門)
日比谷通り
芝公園駅
N
芝大門
浜松町駅

宮があるなど、見どころも多い。

　さて登山口から落ち葉の石段を上がっていくと、小さな広場に出た。山のまわりにはソメイヨシノやヤマザクラなどがあり、春は花見客でにぎわいそうだ。それにしても、都心に古墳が残っているとは驚きだが、どこを見ても古墳らしさは見あたらない。案内によると標高16メートルの台地上に築かれた前方後円墳。全長106メートル前後、後円部径約64メートル、くびれ部分の幅は約22メートルという都内最大級の規模とある。山頂は標高22メートル、ちょっとした自然の山のように大きい。

　さらに尾根の先端までいくと伊能忠敬をたたえる記念碑が建っていた。どうやらこのあたりが後円部にあたるようで、山頂を囲む木々の向こうにザ・プリンスパークタワーと東京タワーが空に向かって背比べをしている。都心にいることを忘れさせる静寂な空間が広がっていた。

　下山路は急な木段の道。木の実でも拾っているのか、子どもたちが山肌を威勢よく登っていく。都会の子どもたちにとって格好の秘密基地かもしれない。芝丸山を下ると、大きな空を抱えた芝生の広場に出た。都心でこんなに広い空を見られるとは思わなかった。それに増上寺の参拝客もここまでは来ないのか、とても静かなのもいい。すきっと広がった先には、これから挑む東京タワーが天を突いている。うっとりするほど美しい「赤い針峰」に、思わず登高欲をそそられた。

▲

増上寺にお参りするために、いったん山を下って日比谷通りに出る。すぐに三門と呼ばれる堂々とした三解脱門に立つ。三つの煩悩「むさぼり、いかり、おろかさ」を解脱する門という。

　増上寺は明徳4年（1393）に創建された浄土宗の大本山。上野の寛永寺と共に徳川家の菩提寺として知られ、墓所には6人の将軍が眠っている。境内に入ると、大殿と東京タワーが、時代を超えて主役を分け合っているようにも見える。ぐるっと巡ったところで、境内にある茶店でひと休みしてみよう。縁台で季節の風に吹かれるのもいいものだ。

続いてふたつ目の山、東京タワーをめざす。東京プリンスホテルとの間のなだらかな坂道の途中に「千躰《せんたい》子《こ》育《そだて》地蔵尊」のお地蔵さんの赤い帽子が塀越しに並んで見える。いつ歩いても雰囲気のある道だ。ここまで来ると東京タワーがぐっと迫ってくる。

愛宕通りを渡り、左下の「もみじ谷」に入る。かつてこのあたりは二代将軍徳川秀忠が江戸城内の紅葉山からカエデの木を移植したことから「紅葉山」と呼ばれた高台で、今その上に東京タワーが建っている。このあたりは元々山が連なっていたところ。もみじ谷の下、ちょうど増上寺の上部になる場所には観音山があったし、北西にはプリンスホテルの上の方に地蔵山があった。今はその姿を見ることはできない。

自然の岩と樹林を組み合わせた人工の渓谷は、その名の通りカエデなどのモミジが多く植えられていて、「東京アルプス」に彩りを添えている。せせらぎの奥には渓流らしく、高さ10メートルの「もみじの滝」が流れ落ちていた。

急斜面に沿って小道を上がっていくと、小さな頂に観音様が安置されたお堂がちょこんと建っていた。すぐ真下には観光バスと団体客の歩く姿が見え、頭上には梢の間から東京タワーが覆いかぶさるように聳えている。この小さな山頂こそ紅葉山（20メートル）の名残かもしれない。まるで現代と江戸時代の隙間に立っているような不思議な感覚を覚えた。

紅葉山のお堂から現代に下り立つと、そこは高さ

333メートルの東京タワーを支える巨大な4本足のひとつになっていた。その足元のでっかいこと。1脚あたり約4000トンの重圧に耐えるようにできているという。

さてどこから登ろうか。まさか鉄骨をクライミングするわけにもいかない。まずはチケット売り場で展望料金を払う。歩いて上がっても、エレベーターを利用しても料金は同じ。階段で上れるのは土日、祝日が基本。時間は11時から16時まで。雨天は中止になる。

登山口は建物の屋上に「大展望台行き階段」と記されたところ。係のお兄さんに見送られて、巨大な築山の登山開始だ。地上150メートルにある大展望台まで、赤く塗られた階段が真っすぐ頭上にのびている。600段の階段と聞くと、大変そうに思うかもしれないが、子どもでも15分ほどで上がれる。ファミリーやカップルなどが多く、思いのほか人気コースになっていた。

風を感じながら、自分の足でタワーを登るのは気分がいいもの。階段を上がるにつれ、展望はどんどん広がっていく。ゴールの展望台に到着すると、係のお姉さんから「おめでとうございます」と声をかけられ、「昇り階段認定証」をプレゼントされた。そういえば戸山公園の箱根山でも、同じように登頂証明書を発行していたっけ。何ごとも大真面目、シャレっ気があっていい。

霊峰富士にはしゃいだり、自分の住んでいる街を探したり。にぎわうタワーの展望台はいつの時代も東京のシンボル。眼下には歩いてきた芝丸山が、反対側にはこれから向かう愛宕山が、ビルの谷間に緑の浮き島のようになって望めた。

▲

東京タワーと足元の紅葉山を踏破し、残すのは縦走のフィナーレの愛宕山だけになった。大展望台からの下山は、下り専用の外階段でもいいし、エレベーターという手もある。今回はラクチンコースでエレベーターにした。

愛宕山へは、整然としたオフィス街の愛宕通りを行く。まず目につくのがふたつのタワービル。その間にどっしりと構える山門が文明8年（1476）開創の青松寺《せいしょうじ》。まるで両脇の高層ビルを従えているようにも見える。曹洞宗のお寺で参禅会も開かれているようだ。

『江戸名所図会』によると、寺は愛宕山から続く尾根上の「含海山」とある。「眺望、愛宕山に等しく、美景の地なり」とあるので、当時はさぞかしすばらしい眺めだったことだろう。写真家フェリックス・ベアトが幕末に撮った愛宕山からの眺望を思い出した。

愛宕山はすぐとなりだ。山手線内にある天然の山としては最高峰の山で、登山コースはいくつもある。なかでも表参道の男坂は「出世の石段」と呼ばれ、広く知られる人気コースだ。ほかに緩やかな「女坂」、神谷町側の「裏参道」。さらにトンネル入り口にある、バリアフリーの「エレベーター」と、木段の「空中回廊」。こちらは山上のNHK放送博物館の前に出てくる。

何はともあれ、まず「男坂」を攻略するのが愛宕山登頂の王道だ。石段に沿ってクサリも付けられており、何度来てもその勾配に息をのむ。上から見下ろすと傾斜はより増して見え、断崖のようだ。ここを馬で駆け上がったという曲垣平九郎の武勇伝を思い出すたびに、武者震いするような気持ちになる。

愛宕神社を祀った山上は樹木に囲まれて、江戸のころのような眺望は得られないが、思いを馳せることはいくらでもできる。境内の池の傍らに三角点の石柱が建っている。標高26メートルの愛宕山は錦鯉が泳ぐのどかな頂になっていた。

さて超低山の横綱というべき愛宕山でゴールとしたが、余力があれば西南側にもうひとつ登っておきたい山がある。愛宕トンネルを抜けて桜田通りを飯倉方面に行くと標高22メートルの西久保八幡山がビルの間に現れる。東京メトロ日比谷線神谷町駅から3分ほどだ。登山口からはいきなり急な石段で、山上には西久保八幡神社が鎮座している。

港区は山と谷が複雑に入り組んだ地形が多く、西久保八幡山は張り出した台地の先端になる。こぢんまりとした山だが、愛宕山と同じく男坂と女坂の両方がある。山頂の境内は都会の真ん中とは思えないほど静寂でホッとする。神社裏手の斜面からは縄文時代後期の貝塚が発見され、このあたりまで海岸が迫っていたようだ。

江戸時代には西久保八幡神社は江戸八所八幡のひとつに数えられ、八八幡詣《ややはたもうで》として多くの参詣客でにぎわったという。15里（約60キロメートル）ほどある行程に8社（ほかに富岡八幡宮、市谷亀岡八幡宮、穴八幡宮、大宮八幡宮、鳩森《はとのもり》八幡神社、金王《こんのう》八幡宮、御田《みた》八幡宮）を1日でお参りするというからすごい。八幡宮は山が多いだけに、江戸庶民の脚力の強さを感じる。今なら上級者向きの「東京八幡アルプス」といったところだろう。

下町アルプス

摺鉢山（標高24.5メートル）
↓
大仏山（標高22メートル）
↓
道灌山（標高22メートル）
↓
飛鳥山（標高25.4メートル）

※約9キロメートルのコース

景勝地が並ぶ、人気のピクニックコース

　武蔵野台地は、東京西部から東へ、手のひらを広げたような形にいくつも尾根を延ばしている。そのひとつ、東端に位置する「上野山」は、北の端の飛鳥山から連ねた上野台地と呼ばれる長い尾根になっていた。

　その山稜は電車から見ることができる。上野駅からJR京浜東北線に乗り、車窓左手を見ていこう。鶯谷《うぐいすだに》へ動き出すと、すぐに高低差のある高台が現れる。日暮

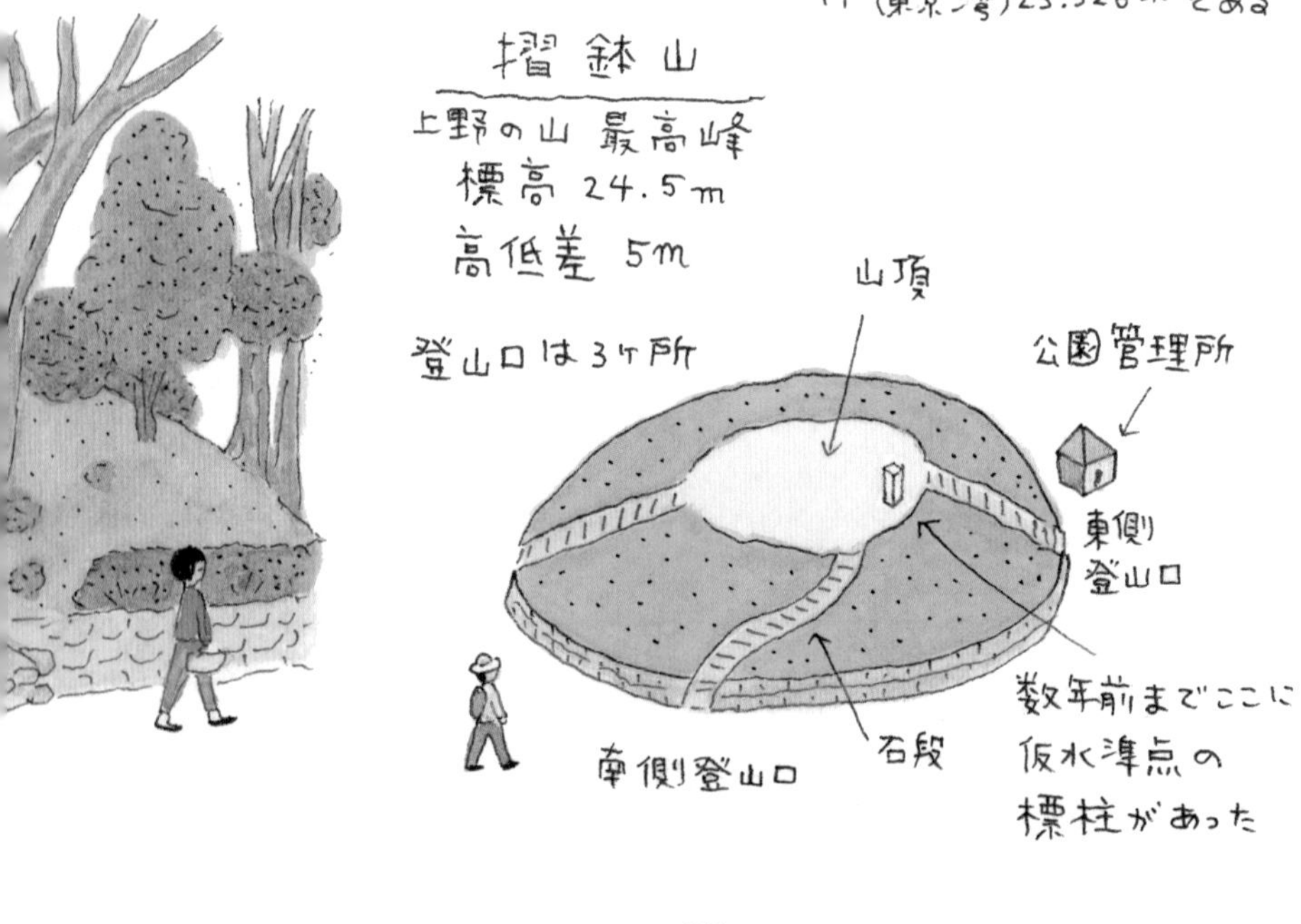

里あたりでは名所をそろえた諏訪台とつづき、田端との間は道灌山《どうかんやま》の尾根道になる。並走していた山手線はこの先で尾根を切り裂くように西に駒込へと分かれる。京浜東北線はさらに高台に沿って上中里、飛鳥山のある王子へと向かう。

江戸時代には、上野の山から飛鳥山のある王子にかけて、景勝地が並ぶ人気のピクニックコースだった。今はぎっしりと建物で埋まっている町並みだけれど、一本の尾根道は今も変わらずつながっている。敬意を込めて「下町アルプス」と名づけた。

下町アルプス縦走路の登山口は、上野台地がはじまる南端の公園正面口とした。縄文時代のころは東京湾の入り江だったところだ。西郷さんの銅像は、ちょうど岬の先端だったあたりの場所に立っていることになる。

かつて忍ヶ丘と呼ばれた、上野山の最高峰はどこだろう。清水《きよみず》観音堂を左に見つつ進むと、その先にこんもりと木々に覆われた小山が見えてくる。これが摺鉢山《すりばちやま》だ。じつは約1500年前に築かれた前方後円の古墳といわれている。登山口は3カ所、そのひとつは頂上に向かって曲線を描くように石段が付けられている。高低差は5メートルほど、2階から下を見ている感じだろう。ここが標高24・5メートルの上野の山のてっぺんになる。以前、山頂にあった仮水準点の木柱はいつのまにか消えていた。「上野の山」2座目は、さくら通りをはさんだ大仏山。山頂に仏塔が建つほんとうに小さな丘で、山名になっている大仏さまの顔だけが祀られている。元は高さ6メートルの釈迦如来坐像だった。初代完成から380年余り、度重なる地震や火災で顔だけのレリーフになってしまった。

東側登山口

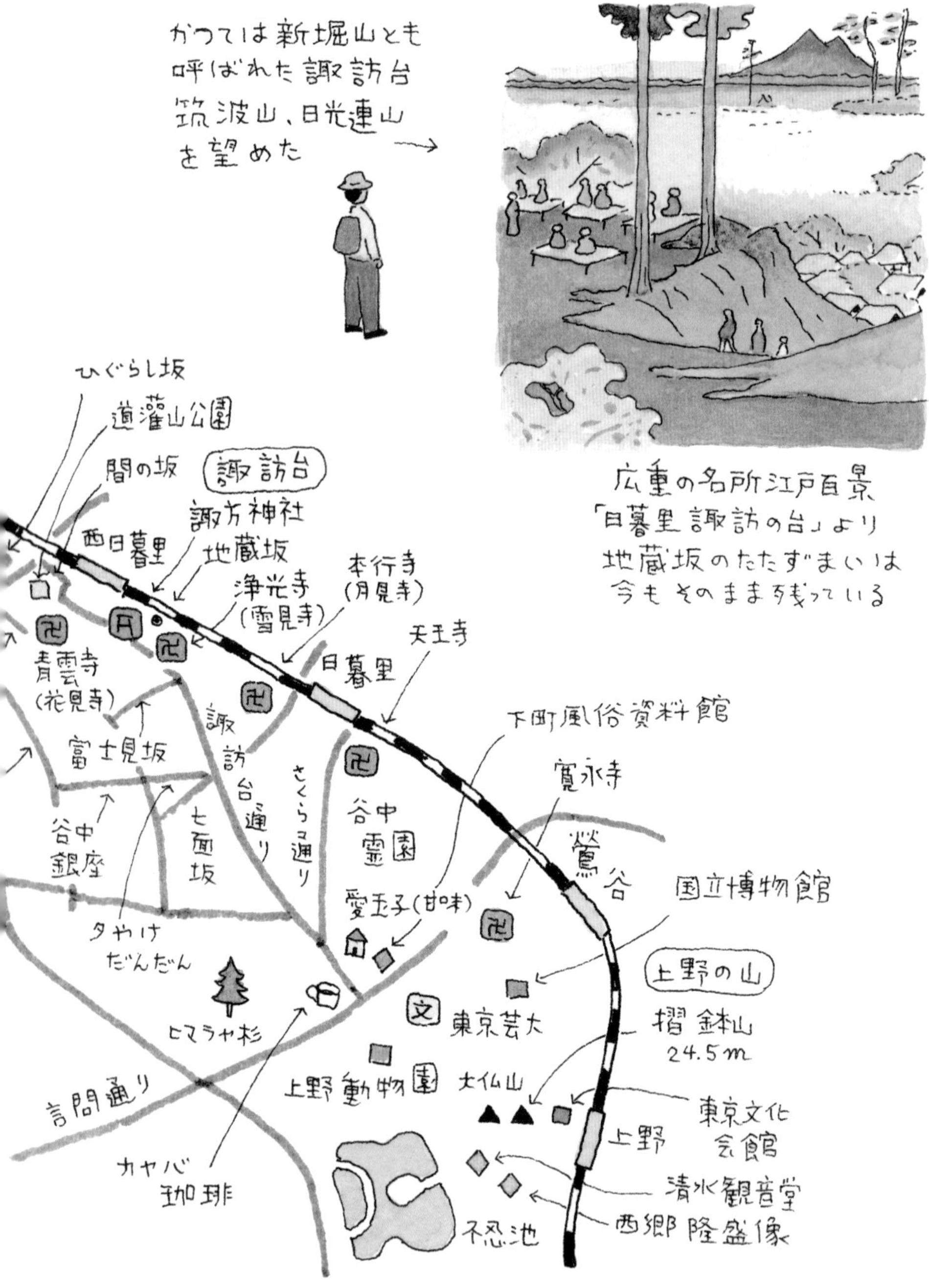
かつては新堀山とも
呼ばれた諏訪台
筑波山、日光連山
を望めた
広重の名所江戸百景
「日暮里諏訪の台」より
地蔵坂のたたずまいは
今もそのまま残っている
ひぐらし坂
道灌山公園
間の坂
諏訪台
諏方神社
地蔵坂
西日暮里
浄光寺
（雪見寺）
本行寺
（月見寺）
天王寺
日暮里
青雲寺
（花見寺）
富士見坂
諏訪台通り
さくら通り
谷中霊園
下町風俗資料館
寛永寺
鶯谷
谷中銀座
七面坂
愛玉子（甘味）
国立博物館
夕やけだんだん
上野の山
摺鉢山
24.5m
ヒマラヤ杉
東京芸大
文
上野動物園
大仏山
言問通り
東京文化会館
上野
カヤバ珈琲
清水観音堂
西郷隆盛像
不忍池

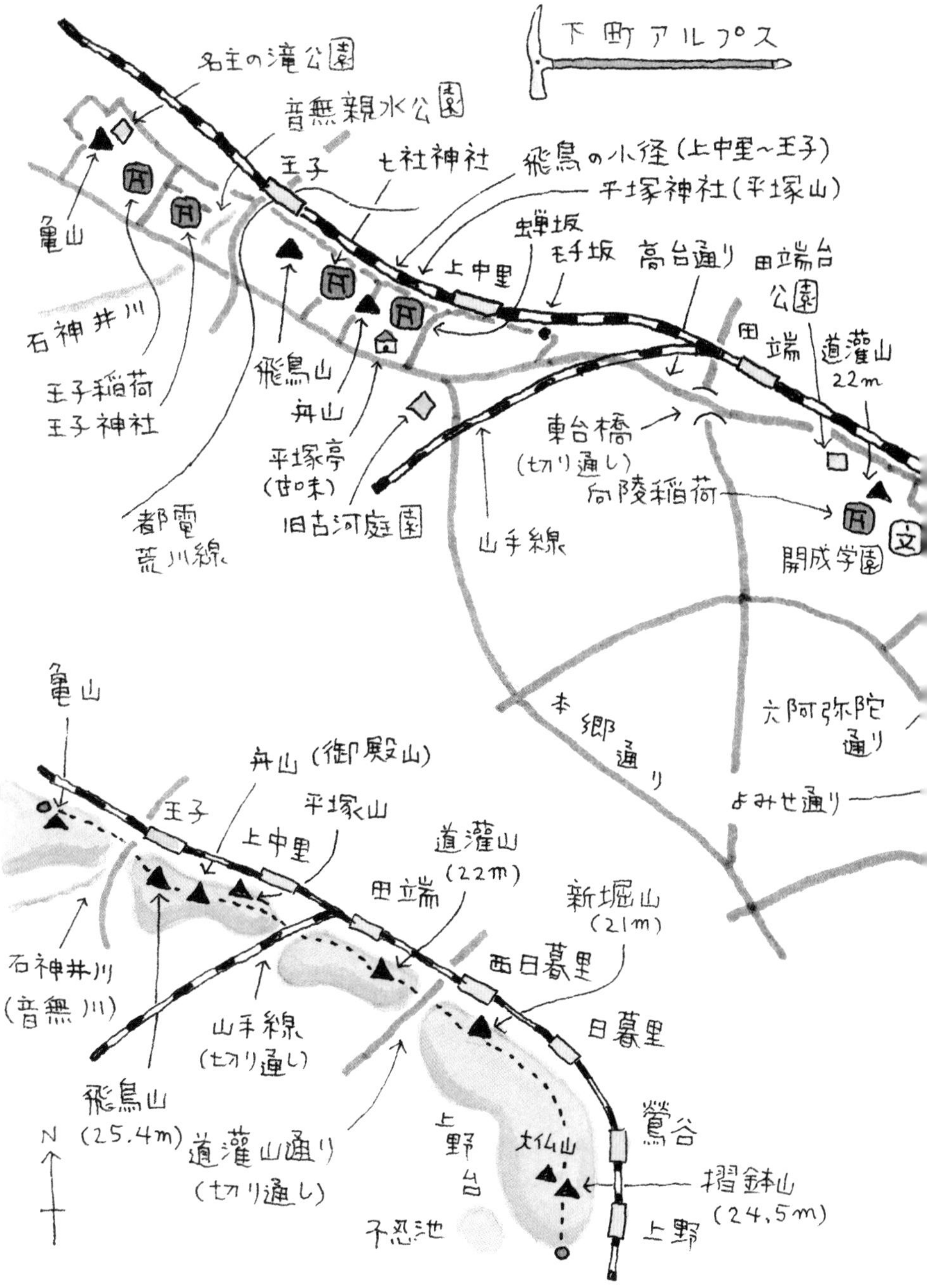
下町アルプス
名主の滝公園
音無親水公園
王子
七社神社
飛鳥の小径(上中里〜王子)
平塚神社(平塚山)
蝉坂
もち坂
上中里
高台通り
田端台公園
亀山
石神井川
王子稲荷
王子神社
飛鳥山
舟山
平塚亭(甘味)
旧古河庭園
都電荒川線
山手線
田端
道灌山 22m
東台橋(切り通し)
向陵稲荷
文
開成学園
本郷通り
六阿弥陀通り
よみせ通り
亀山
舟山(御殿山)
王子
平塚山
上中里
道灌山(22m)
田端
新堀山(21m)
西日暮里
日暮里
石神井川(音無川)
山手線(切り通し)
飛鳥山(25.4m)
道灌山通り(切り通し)
N
上野台
大仏山
鶯谷
摺鉢山(24.5m)
上野
不忍池

上野公園は、広大な寛永寺の旧境内につくられたもの。徳川三代将軍家光の命により、天台宗の高僧天海が平安を祈願するため、江戸の鬼門にあたる上野の山に東叡山寛永寺を建立したことからはじまる。山号は京都比叡山にならい、上野の山を東の比叡山として、さらに不忍池は琵琶湖に見立て、竹生島を模した弁天島を築かせた。

さて、見どころの多い上野をあとにして、日暮里に向かう。電車沿いの崖線を歩いてもいいのだが、寄り道しながら谷中を抜けていくことにした。

上野台地と本郷台地の谷の中にあることから名前がついたといわれる谷中。ここは散歩の楽しい寺町だ。いずれにしても高台に出るので坂を上がらなくてはならない。日暮里と書くようになったのは江戸時代の中ごろ、「ひぐらしの里」とも呼ばれた。

▲

久しぶりに日暮里諏訪台を歩く。江戸時代から寺社が多く、月見寺（本行寺）、雪見寺（浄光寺）、花見寺（修性院、青雲寺）、それに花見坂と、江戸の人気景勝地が並ぶ。花見坂は今の「富士見坂」にあたる。

谷中の町並みを見下ろす富士見坂は、都心でダイヤモンド富士（山頂に太陽が重なりダイヤモンドのように輝くこと）が眺められる場所として、冬の季節になると立錐の余地もないほどだった。テレビ局のカメラもその瞬間を捉えようとスタンバイしていた。お年寄りも若い子も富士を一心に見つめて、「楽しみだわ」、「はじまるぞ」と大いに盛り上がる。

しかし今はそれも叶わぬことになった。２０１3年に高層マンションが建ち、ついに富士山そのものが望めなくなったからだ。

静かになった富士見坂をあとに、谷中の総鎮守諏方神社を参拝。境内の北側にある地蔵坂は広重の『名所江戸百景』にも登場する筑波山の眺めがいいところ。江戸っ子たちが花見に興じるようすが描かれている。今は眼下をひっきりなしに電車が走り抜ける。

さて上野から続いた尾根道も3座目「道灌山」になる。どこにあるのか。西日暮里駅を抜ける道灌山通りのところで諏訪台からの尾根道はいったん分断され、崖っぷちは、樹木に囲まれた西日暮里公園になっていた。道灌山の案内板もあるが、これは便宜上だろう。

江戸時代の道灌山は『江戸名所図会』に描かれているが、現在はちょっと曖昧になっている。向かいの断崖を駆け上がるのは「ひぐらし坂」と呼ばれ、道灌山の道になる。坂を上がりきると再び尾根道になり田端台につづいた。その突端にある開成学園一帯が道灌山（22メートル）といわれ、かつて秋田藩佐竹氏の抱屋敷があったところでもある。あたりはすでに屋敷も山頂も痕跡をとどめないが、なかなかの高台だ。

眺望のいい田端台公園は、諏訪台と同じく眼下に何本も鉄路が延びている。ひとつ下の道と合流するあたりは桜並木になって田端駅に下りる不動坂につづいた。今度は桜が咲く高台を歩いてみたい。

昭和の町並みを通り、田端駅を右手に切り通しの大通りを跨ぐ東台橋を渡る。この界隈は「田端文士芸術村」と呼ばれ大正・昭和にかけて芥川龍之介、堀辰雄など多くの作家、芸術家が暮らしていたところ。そういえば同時代に「池袋モンパルナス」という画家や詩人たちが拠点にしたアトリエ村もあった。

その先は静かな通りになった。街路灯には小さく「田端高台通り」と書いてある。「高台」という文字に思わず尾根道を歩いている気にさせられる。切り通しになった橋の下を山手線が走っていく。昔から変わらない東京の風景だ。

山手台地は、いよいよ飛鳥山の山域に近づいてきた。そのまま本郷通りに出れば旧古河庭園はすぐそこ。高低差を活かした庭園には、小高い丘の上に洋館があり、斜面にはバラで有名な洋風庭園があり、低地には日本庭園と見どころも多い。

縦走に戻ろう。尾根の際《きわ》を探して大通りから路地に入ると崖上の細道に出た。新幹線が走る高架橋と同じくらいの高さだろうか。高台には「モチ坂」と記された標柱が立っている。案内によると、坂上だけが残り、かつてあった坂道は鉄道の敷設にともない消滅したという。見晴らしのいい小道は、ゆるやかに下りながらＪＲ京浜東北線の上中里駅に出た。

小さな駅前は、ここだけ時がゆっくり刻まれているような閑静な町に思えた。駅から左に湾曲した、谷間のような長い蝉坂を上がりきると本郷通りに飛び出した。坂道に沿った平塚山（26メートル）の上には平塚神社がある。参道入口にある平塚亭は、大正初期創業の甘味処だ。作家・内田康夫のミステリー小説で、主人公の名探偵・浅見光彦がたびたび登場するところでもある。名物のみたらし団子を食べて、ひと休みしたいところだ。

消防署のとなりにある滝野川公園は、山っぽい地形に

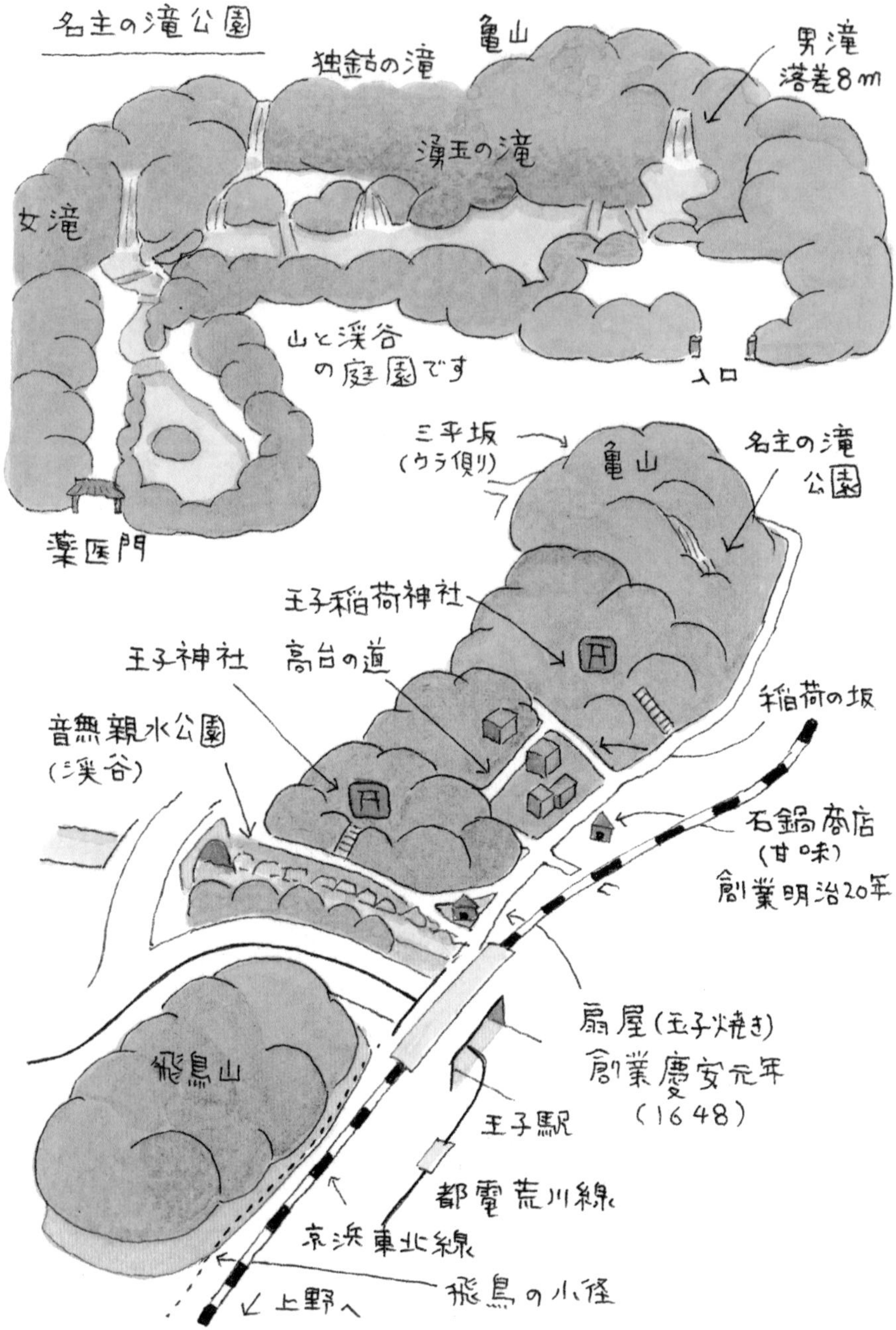
名主の滝公園
亀山
独鈷の滝
男滝
落差8m
湧玉の滝
女滝
山と渓谷
の庭園です
入口
薬医門
三平坂
（ウラ側）
亀山
名主の滝
公園
王子稲荷神社
王子神社
高台の道
稲荷の坂
音無親水公園
（渓谷）
石鍋商店
（甘味）
創業明治20年
扇屋（玉子焼き）
創業慶安元年
（1648）
飛鳥山
王子駅
都電荒川線
京浜東北線
飛鳥の小径
上野へ

なっていて、子どもたちの元気な声がこだましていた。江戸時代には徳川将軍家の鷹場として、舟山（御殿山）と呼ばれたところだ。そのまま誘われるように奥までいくと、うまい具合に「飛鳥の小径」になっていた。この道を通るのははじめてだ。

昭和の雰囲気を残した家並みを辿っていくと、左側は城壁のようにそそり立っている。何かと思ったらお札や郵便切手などを製造している国立印刷局東京工場の裏側だった。さすがセキュリティは万全だ。その先で飛鳥山東麓のアジサイの小径になるが、手前の坂道を上がって、飛鳥山に寄り添った七社神社に寄ってみた。古くから西ヶ原村の鎮守として七柱の神様が祀られている境内はとても清々しく心地よかった。

飛鳥山のアジサイの小径に戻り、ジグザグの階段に息を切らして山上に出た。そこは子どもの城やゾウの滑り台などが点在する児童公園になって、親子連れでにぎわっている。「飛鳥山の碑」から北側にかけては、地形を活かした桜の山になっている。遊歩道に挟まれるように土が盛り上がった小さな山稜は、江戸の名残を見せてくれているようで好きなところ。山頂を示したケルンには、標高25・4メートルとあった。

飛鳥山の北端には、登山電車が山麓と頂上の間を2分で結んでいる。せっかくなのでゴンドラに乗り込み、山麓の駅に下山した。

上野の山から縦走してきた下町アルプスも、そろそろ終盤を迎えた。かつての渓谷を再現した音無川親水公園は飛鳥山と並ぶ人気スポット。石段を上がれば吉宗ゆかりの地、王子神社が鎮座している。

景勝地だけに名物も多い。創業慶安元年の扇屋は落語「王子の狐」に登場する玉子焼きの老舗。王子稲荷の門前にある石鍋商店は創業明治20年の甘味処。小麦のでんぷんを醗酵させた江戸久寿餅が味わえる。

坂を上がった王子稲荷は関八州の狐が集まるところ。狐が住んでいたという穴も見ておこう。となりの「名主の滝公園」は、江戸末期に名主の畑野孫八が造った庭園。深山幽谷の山道を辿りながら四つの滝を巡っていく。滝の上部裏手は上野山から続いた尾根道で「亀山」という山名だけが残った。尾根はさらに十条へ向かうが、ひとまずお江戸の山をゴールとした。

花見、滝見と、江戸時代から人気の縦走路

渓谷ハイキング

一瞬にして別世界、都市の渓谷へ

等々力渓谷
↓
御岳山（高さ7メートル）
↓
大塚山（高さ11メートル）
※約2キロメートルのコース

東京都23区内に天然の渓谷があるとは、にわかに信じがたいかもしれない。東京近郊でも、奥多摩の鳩の巣渓谷や房総の養老渓谷などがあるが、どちらも都心から遠い山の中にある。世田谷区のお屋敷街に、都心で唯一の渓谷、等々力《とどろき》渓谷がある。

渋谷から電車に乗って20分ほど。東急大井町線の等々力駅から南へ、スーパーマーケット角の大ケヤキを曲がれば、なんなく渓谷入口のゴルフ橋に出る。すでにあたりは樹木が生い茂っており、とても東京の駅前とは思えない。

コースはまさに山と渓谷になる。等々力渓谷を辿り、いくつか名所を巡りながら、古墳になっている大塚山の頂をめざしていく。

案内板をチェックして、ゴルフ橋のたもとから入渓する。急な階段を下りていくと、谷沢川の左岸に立ち一瞬にして別世界に迷い込んだようになる。見上げると平凡に思えたゴルフ橋が、まるで渓谷の緑の森に合わせるように鮮やかな赤いアーチ橋を架けて印象的だ。ゴルフ橋という名前も気になるところだが、これが大塚山と深く関係していた。

大塚山は正しくは野毛大塚古墳という巨大ないわば人工の築山。昭和6年、その大塚山を中心に東急電鉄が開発した約2万5千坪、9ホールの玉川ゴルフコース（後に、等々力ゴルフコース）が造られた。ゴルフ橋はそのために架けられた橋というわけ。当時は木橋だった。

昭和14年、第二次世界大戦勃発、日中戦争の泥沼化といった世相を機にゴルフ場は廃止。現在は野毛町公園、都営住宅一帯になっている。赤いアーチ橋は昭和36年に架けられたもので、ゴルフ橋の名はそのまま残った。

さていよいよ渓谷歩きのはじまり。等々力渓谷は谷沢川に沿って約1キロに渡って続いている。それにしても

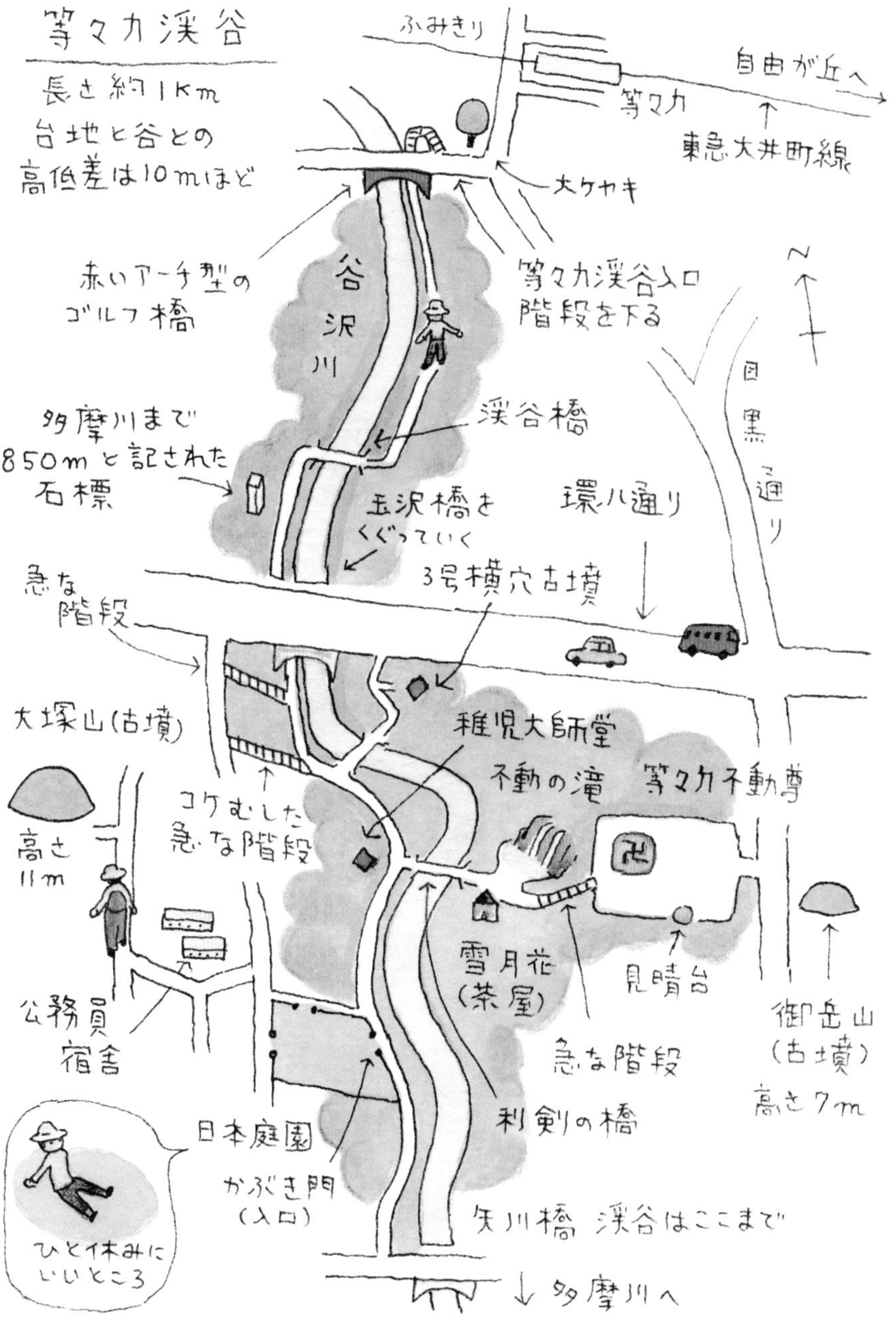
等々力渓谷
長さ約1km
台地と谷との
高低差は10mほど
ふみきり
自由が丘へ
等々力
東急大井町線
大ケヤキ
赤いアーチ型の
ゴルフ橋
谷沢川
等々力渓谷入口
階段を下る
N
目黒通り
渓谷橋
多摩川まで
850mと記された
石標
玉沢橋を
くぐっていく
環八通り
急な
階段
3号横穴古墳
大塚山(古墳)
稚児大師堂
不動の滝
等々力不動尊
高さ
11m
コケむした
急な階段
雪月花
(茶屋)
見晴台
御岳山
(古墳)
高さ7m
公務員
宿舎
急な階段
日本庭園
利剣の橋
かぶき門
(入口)
矢川橋 渓谷はここまで
ひと休みに
いいところ
多摩川へ

渓谷橋を渡って右岸へ

3号横穴古墳

なぜ世田谷に渓谷があるのだろう。どうも気になることが多い。地形を見ていくと、武蔵野台地の南端を谷沢川が国分寺崖線（ハケ）に切れ込んで浸食してできた開析《かいせき》谷《こく》だということがわかった。

崖の高低差は約10メートル。斜面にはケヤキ、コナラ、シラカシ、ムクノキなどの樹木が茂り、一面にシダ類の湿生植物が繁茂している。夏でも涼しいところだ。親切にもゴルフ橋のたもとには温度計が備えてある。

渓谷沿いの遊歩道は、渡り廊下のような木道からはじまる。幅の狭いところはすれ違いに気をつかう。川瀬のせせらぎを聞きながら、小橋の渓谷橋を渡り右岸へ。崖のあちこちから湧水があふれ、そのまわりには美しいコケが水滴をまとって光っている。ここには33カ所の湧水が流れ込んでいるそうだ。

途中に、「等々力不動尊まで300メートル、多摩川まで850メートル」と記された石標がある。渓谷を流れる谷沢川は、用賀付近の湧水を水源とする3・8キロメートルの短い一級河川だ。頭上を跨いでいるのは環状8号線が走る玉沢橋。いきなり都会の喧噪を感じるときだが、森に包まれているせいか意外と気にならない。ここからは見どころも増えて、ふたたび深閑な渓谷に誘ってくれる。

右手に崖を駆け上る階段があるが、これは野毛大塚古墳方面へ行ける道だ。今回は等々力渓谷を最後まで歩き通したいという思いから、この先にある日本庭園を経由していくことにした。

川辺に渡した小橋を渡ると、左岸に横穴古墳があるので寄ってみた。これまでに横穴墓が6基以上発見されて、そのうちの3号横穴が完全な形で残っているという。かがんで近づくと照明が自動で付く仕掛けで、古墳時代の内部が薄ぼんやりとのぞけた。

木橋を渡り返して右岸から下流に向かうと、等々力不動尊境内になった。谷が開けたところに稚児大師御影堂がある。稚児大師とは弘法大師の幼いときの呼び名だ。小さな両手を合わせた姿の像が祀ってあった。

欄干のある利剣の橋を渡った左岸の、苔むした岩壁に「不動の滝」がある。地名の由来になった不動の滝は、かつて滝音があたりに轟いたことから「とどろき」と伝えられたとか。ふたつの龍の口から湧水が流れ落ちている。滝自体は「轟《とどろ》く」ほどの水量はなく、白糸といった感じ。かつては水量も豊富だったのだろう。

不動の滝は、修験者・役行者が不動尊を彫ったとされる伝承から、修験道の霊場として知られ、今も滝行を許された行者が訪れるという。滝上には等々力不動尊が建っ

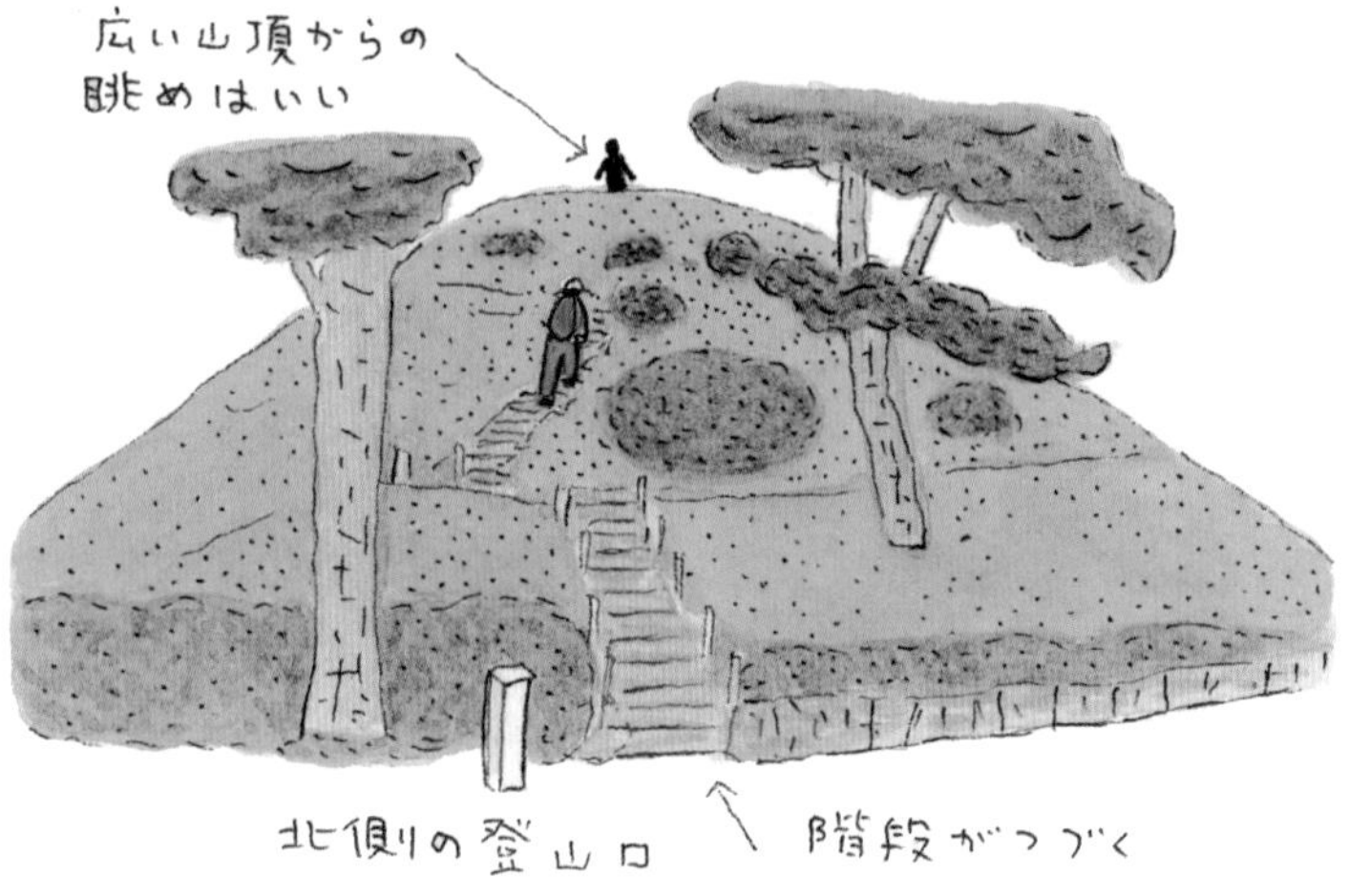

ている。

お不動さんと親しまれた等々力不動尊は、瀧轟《りゅうごう》山明王院といい、満願寺の別院になっている。縁起によると、真言宗中興の祖、興教大師が夢のお告げにより開かれた霊場とある。ご本堂には滝の横から急登の石段を上がっていくのだが、たかが10メートルの崖といっても、けっこう息が上がる。

崖の上には境内が広がり、ご本尊は本堂の奥に安置されている。ちょうど不動の滝の真上にあたるところだ。えもいわれぬパワーは、昔も今も変わらなさそうな気がした。

境内の展望台から見下ろす渓谷の眺めがまたいい。春は桜、秋はイロハカエデで彩られる。このあたりは高台になって、古くは地頭山といい、不動尊の向かいの目黒通りに面した御岳山は、その高台に築かれた高さ7メートルの古墳になっている。

ふたたび等々力渓谷に戻り、右岸を行くと右手にお屋敷の門が現れた。何だろうと思ったら、ここが「日本庭園」の入口で、かぶき門とある。公園として整備されたものだが、どんなお方が住んでいたのだろう。傾斜を活かした庭園には竹林と蜜柑の林の間に小径が付けられ、上りきると清々しい芝生の山頂になっていた。渓谷はその先の矢川橋まで。ここから谷沢川はコンクリートで両岸を固められ、住宅街の間を縫って多摩川へと注ぎこんでいた。

渓谷をあとにして、つぎはお楽しみの山。地元では古くから大塚山と呼ばれている野毛大塚古墳をめざす。明るい庭園山頂から正門を出て、公務員宿舎の横を行くと、玉川野毛町公園の一角に大塚山が見えてくる。山麓には土器のレプリカが一列に並んで、古墳だということを主張しているよう。まわりの公園は子どもたちの格好の遊び場になっていた。

案内によると、野毛大塚古墳は5世紀初頭に築かれた帆立貝式の前方後円墳で、上から見ると帆立貝のような形になっている。全長104メートル、墳丘長82メートル、後円部直径68メートル、高さ11メートルと、かなり大きいことがわかる。目の前にして見ても、ふっくらと大きい山容になって、早く登ってみたい衝動に駆られる。

登山口は北側に回り込んだ後円部のところにあって、登山道は山頂に向かって真っすぐに階段が延びている。古墳でいうと頭頂部になるてっぺんは整地され、丸く広くなっていた。見晴らしはいい。江戸時代には富士山をはじめ、品川沖の白波を望めたという。

かつてゴルフ場とクラブハウスがあったころ、裾野に広がったグリーンから大塚山はどんな姿に見えたのだろう。消滅せずに今も残ったのは幸いだ。洒落たニッカポッカスタイルのゴルファーも山頂からの展望を楽しんだのかもしれない。

山頂の大きな木はエノキだろうか。大きく枝を広げてなんとも心地いい。木陰で休息していると、お母さんと女の子が頂上に上がってきた。女の子はうれしそうに自分のおうちの方を指さしていた。

初夏の新緑、秋の紅葉シーズンがベスト

代官山トレイル

ハイセンスな町並みをトレッキング

目黒元富士（消滅）
↓
目黒新富士（消滅）
↓
西郷山（高さ20メートル）
↓
猿楽塚（高さ約5メートル）

※約3キロメートルのコース

代官山の「山」の文字は伊達ではない。おしゃれなショップやカフェがよく似合う、そんなハイセンスな町並みにトレッキングなんてピンと来ないかもしれないが、近くには青葉台、東山、南平台、鉢山、諏訪山と、山や高台を思わせる地名にあふれている。

代官山の名も山林からきたもの。雑木の平地林も山と見立てたこともあるが、この町は小山のオンパレード。標高36メートルの西郷山はその中心的な存在だ

武蔵野台地の東端に位置する代官山周辺は、渋谷川と目黒川にはさまれた台地にあって、山坂の多い地形をみせる。その背骨というべき尾根が旧山手通りになる。渋

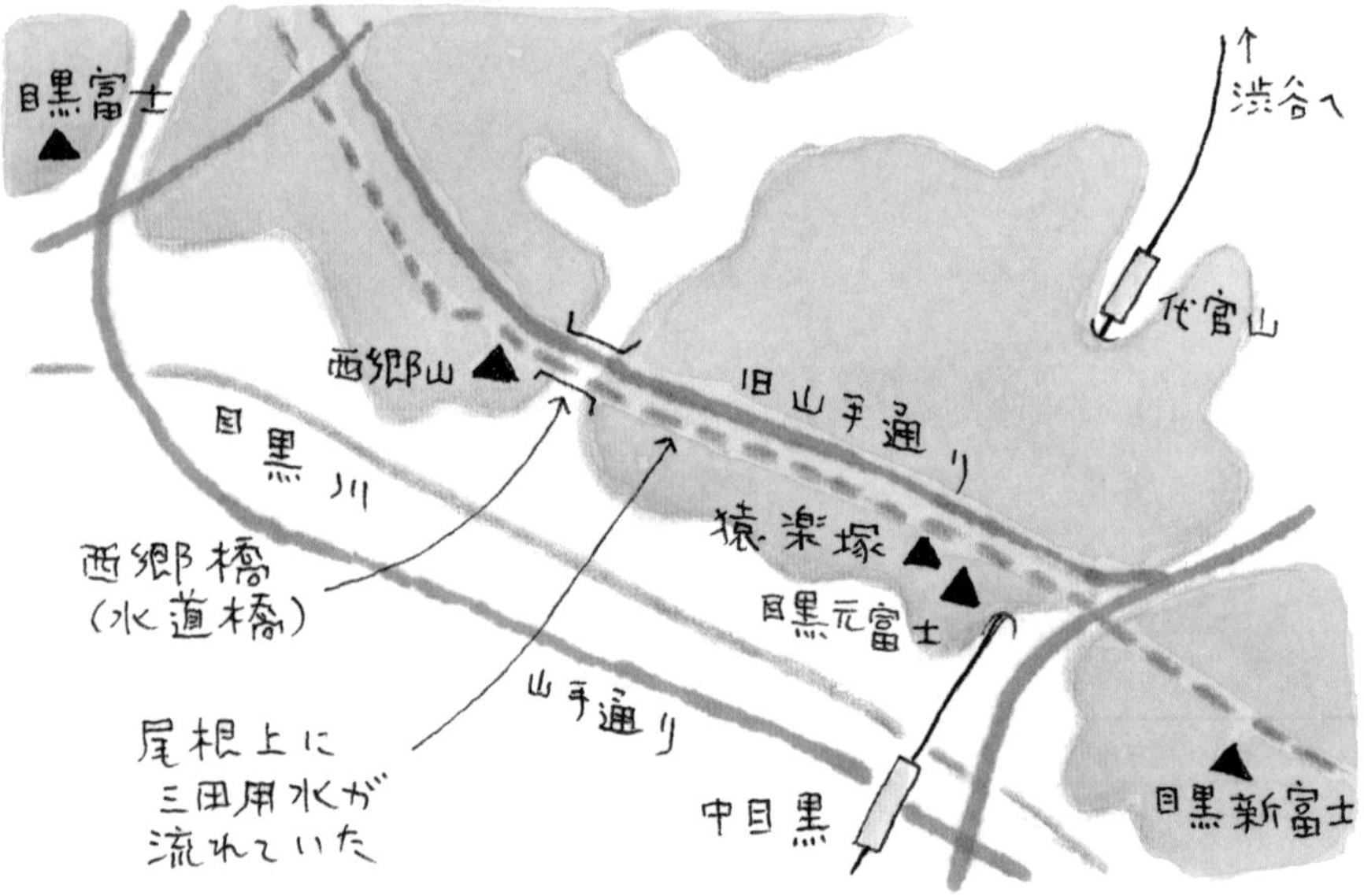

谷川に沿った東側はゆるやかな斜面に、目黒川の西側は急崖になっている。

350年ほど前、その崖線にあたる尾根上に、開削されたのが三田用水。江戸時代には飲料水として、目黒、三田、白金へと上水路が流れた。明治以降は恵比寿駅の名にもなったヱビスビールの工場でも活用された。

東急東横線の代官山駅に降り立つ。「さて、山はどこに？」と、きょろきょろしても坂道が見えるだけだ。トレッキングといっても現実には建物だらけで山らしきものは見当たらない。せいぜいそこに山の名の付いた町名が唯一の手がかりだろうか。しかし、そうがっかりすることはない。想像力と地形を感じ取っていけば、ちゃんと応えてくれる。

代官山の尾根にあたる旧山手通りに出たら、代官山交番前の交差点を渡る。トレッキングのはじまりだ。交番横の狭まった道に入ると左手に小さな地蔵尊が祀られている。文政元年（1818）造立、峠ではないけれど、ちょっとそんな雰囲気だ。

台座には「右大山道、南無阿弥陀仏、左祐天寺道」と刻まれている。地蔵堂の傍らの坂道を下って目黒川を渡り、南へ進むと祐天寺。北に向けば大山道（国道246号線）に達する。江戸時代、人家もまばらな寂しい道にあって、地蔵尊は旅人の安全を祈った道しるべでもあった。近所の人だろうか、まわりをよく手入れされたお地蔵さんに花を手向けてある。

向かいの門構えの建物は大正ロマンにあふれた旧朝倉家住宅。代官山ヒルサイドテラス裏手に時が止まったように佇んでいた。しっとりとした風情の和風木造住宅は大正8年の建造。明治時代に米穀商を営み、後に東京府議会議長を歴任した朝倉虎次郎の私邸だったところ。国の重要文化財になって一般に公開されている。

建物は代官山の地形を活かしたもので、南西斜面に2階建ての母屋を中心に建てられている。華族、財閥ではなかったので派手な意匠はなく、すこぶる上質な和風造りになっている。ここに来たら縁側に腰掛けたい。時を忘れて回遊式庭園をいつまでも眺めていたくなる。秋には色づいたモミジが見事だ。

ふたたび地蔵尊のある坂上に戻る。坂名の目切坂は、江戸時代に石うすの目切りをする腕のいい石工が住んでいたことから、その名が付いたという。昼なお暗い林の中だったことから、別名暗闇坂とも呼ばれた。この道は

ふたつの富士塚

名所江戸百景
広重 画 より

目黒元不二

文化9年(1812)築造
高さ約12m
山頂には浅間神社の祠があった　明治11年(1878)に取り払われた
祠や講碑はその後大橋の氷川神社(目黒富士)に移された

目黒新不二

文政2年(1819)築造
幕臣の近藤重蔵の別邸の庭に築いたもの
麓には三田用水が流れている
昭和34年(1959)に取り払われた

昔の鎌倉街道でもある。

その目切坂の高台には、かつて目黒元富士が屹立していた。文化9年（1812）に、目黒村の丸旦講と呼ばれた富士講員たちによって造られた人工のミニ富士だ。またの名を、丸旦山といったのは富士講のマークが「丸に旦」の字であったことからきたのだろう。築山の高さは12メートルほどあったという。

立派な富士だったが、明治11年にお宮や鳥居が撤去され、残った富士塚も昭和18年に完全消滅した。現在は高台に高級マンションが建っている。丸旦と刻んだ講碑は、大橋氷川神社に移され目黒富士として祀られている。

歌川広重の『名所江戸百景』に描かれた「目黒元不二」は、うっとりするほど美しい姿をしている。本家の富士を眺めながら江戸っ子がつづら折りの道を上がっていく。山頂には浅間神社の祠が祀られ、麓ではお花見を楽しんでいる。

今やその姿はないが、「目黒元不二」の浮世絵を重ね合わせながら、ちょっと想像してみた。しだいに田園風景に裾野を広げた元富士が蘇ってくる。手がかりをくれた広重に感謝だ。

目黒にはもうひとつ富士があった。東南に500メートルほどの別所坂上にある「目黒新不二」だ。元富士の7年後に築かれたので、新富士と呼ばれた。元富士同様、「名所江戸百景」にその秀麗な姿を描いている。手前に流れているのは三田用水になる。こちらは昭和34年に消滅した。

右に左に曲がりながら緑に包まれた目切坂を下って行く。坂道の右手は先ほどの旧朝倉家の敷地になっている。マンションの建つ丸旦山の裾野に林が残っていた。広重が描いた「目黒元不二」で花見をしているのは、このあたりだろうか、そんな想像にうきうきしながら目黒川に向かった。

目黒川河畔は、およそ4キロに渡って約800本のソメイヨシノが咲き誇る花見の名所。最寄り駅の中目黒はすぐそこなので、両岸の桜並木は花見客で鈴なりになる。どうしたって混雑覚悟になるが目黒川の桜並木をそぞろ歩きして西郷山に上がるコースはゴージャスだ。山頂は花見山になっている。

川岸にはおしゃれな店が軒を並べている。目黒川の北側は高低差20メートルほどの崖線がずっと続き、斜面は瀟洒な住宅が並び、味わいのある坂道が旧山手通りに延

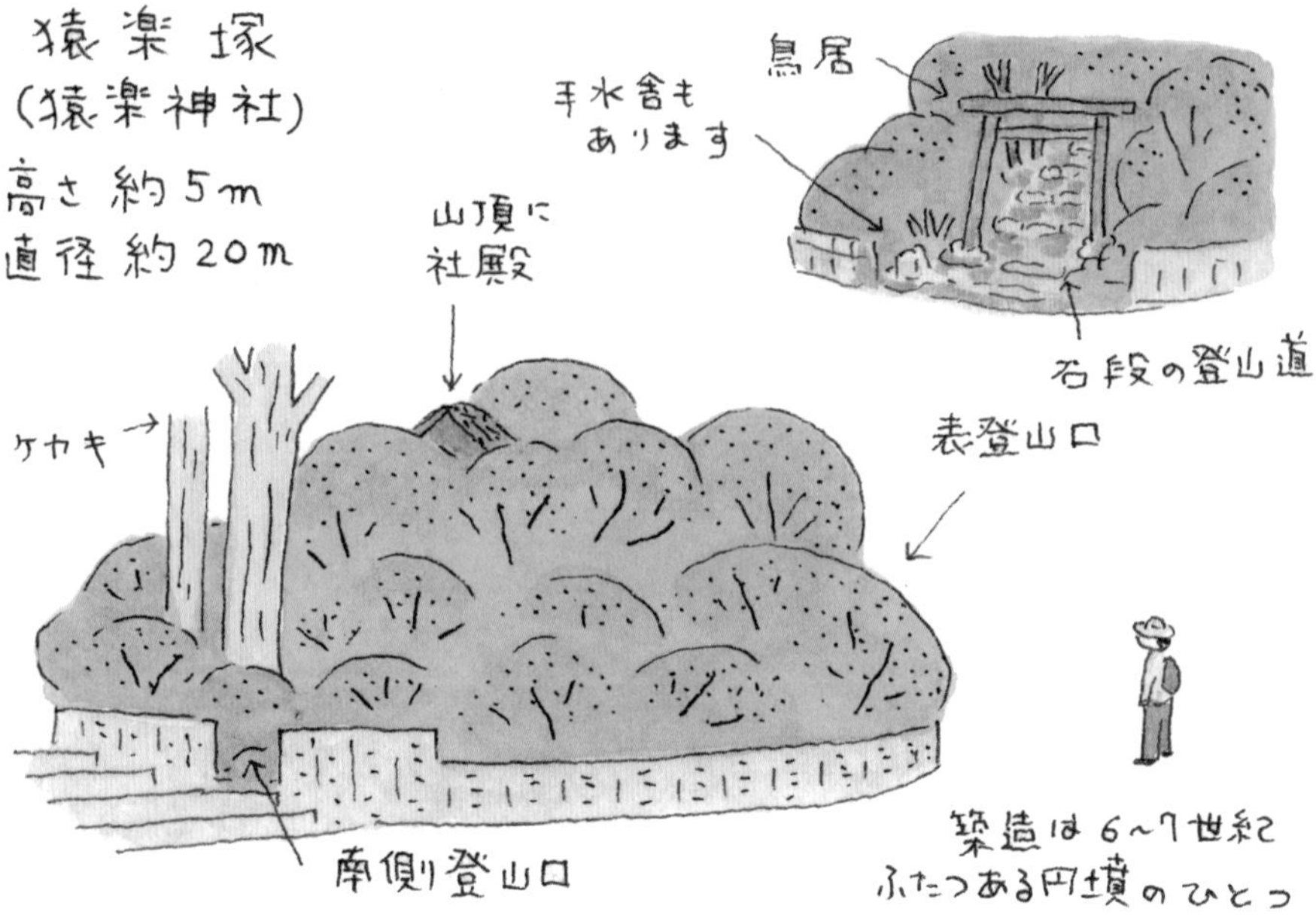

びている。池田山もそうだが、高台はお屋敷町が多い。目黒川を上流に向かって南部橋へ。これから菅刈公園と西郷山を巡っていく。目黒区青葉台2丁目のこのあたりは、江戸時代には豊後の岡藩中川家（大分県竹田市）の抱屋敷の大名庭園になっていたところ。明治に入って薩摩藩の西郷隆盛の弟、従道が土地を購入。木造2階建ての洋館や書院造りの和館を建てた。

　現在、西郷山公園と菅刈公園の間は坂道と住宅で分断されているが、元は山と裾野がひとつになった広大な西郷邸として、人びとから西郷山と呼ばれていた。「東都一の名園」とうたわれた当時は、大池泉（大池）に出島が浮かび、大小の滝が造られ、広い芝生の広場があった。

　その名園も第二次世界大戦直前に、箱根土地（西武グループの前身の会社）に敷地を売却。昭和16年に西郷家が渋谷に移転すると、さらに屋敷や庭園のあった敷地は国鉄に売却された。戦時中に大池は埋め立てられ、池畔の和館は空襲により焼失、洋館だけが残った。戦後は国鉄の職員住宅に使われ、往時の景観は失われた。

　高台の西郷山は辛うじて残ったのだろう、昭和56年に西郷山公園として開園。その後、屋敷のあった山麓は目黒区に譲渡され菅刈公園として平成13年に開園した。

菅刈園内に入ると、かつてあった庭園は小さいながらも復元され、芝生広場が広がっていた。時代に翻弄されながら西郷邸の名園は、二つの公園として蘇ろうとしている。奇跡といっていいかもしれない。

パノラマを楽しみに高低差20メートルの西郷山に上がると、その喜びを感じた。

西郷山山頂から旧山手通りに出ると、尾根上は一変して異国情調にあふれる並木道になった。各国大使館、パリを思わせるオープンカフェや、おしゃれなレストランがある。なかでも水戸の徳川邸屋敷跡地でもあった、NTT猿楽町社宅とノースウエスト航空社宅の跡地に誕生した蔦屋書店（T-SITE）はカルチャーの宝庫のようで好奇心をくすぐる。こんなおしゃれな尾根道をトレッキングできるのも代官山の魅力だ。

デンマーク大使館を過ぎると、代官山を象徴するヒルサイドテラスが落ち着きある佇まいを見せる。ちなみにヒルサイドとは山腹の意。地形を理解した、自然に溶け込んだ都市デザインがすばらしい。

見逃しやすいが、その敷地内に丸いカップケーキのような築山がある。古墳時代末期（6〜9世紀）のこんもりと森に覆われた円墳。高さ5メートル、直径20メートルほどのこぢんまりとした猿楽塚古墳だ。説明によると、大小二つある古墳のうち、大きい方らしい。ここから猿楽の町名の由来になったという。

さっそく山頂をめざす。鳥居をくぐり、S字状の石段を上がっていく。ケヤキに囲まれた頂上には猿楽神社が祀られている。昔は富士山も望めたという。きっと目切坂の目黒元富士も見えたことだろう。今はおしゃれな通りが木陰からのぞける。登山道は二つあり、下山は南側に下りた。

まわりを見渡すと、モダンなヒルサイドテラスが古墳を見守っているように思えた。猿楽神社の由緒に朝倉家の名があった。旧朝倉家住宅もそう、このヒルサイドテラスのオーナーでもある。説明板によると、「朝倉家は戦国時代からの旧家であり、遠祖は甲州の武田家に臣属し武蔵に移り、中代より渋谷に住んだ」とある。

江戸から明治、大正、そして古墳時代とトリップした代官山トレイル。相当おしゃれでモダンな町並み、それに歴史のつまった山々。この不思議さが代官山の「町と山」のすてきな関係かもしれない。

氷川神社の目黒富士は、昭和52年に登山道が開かれた

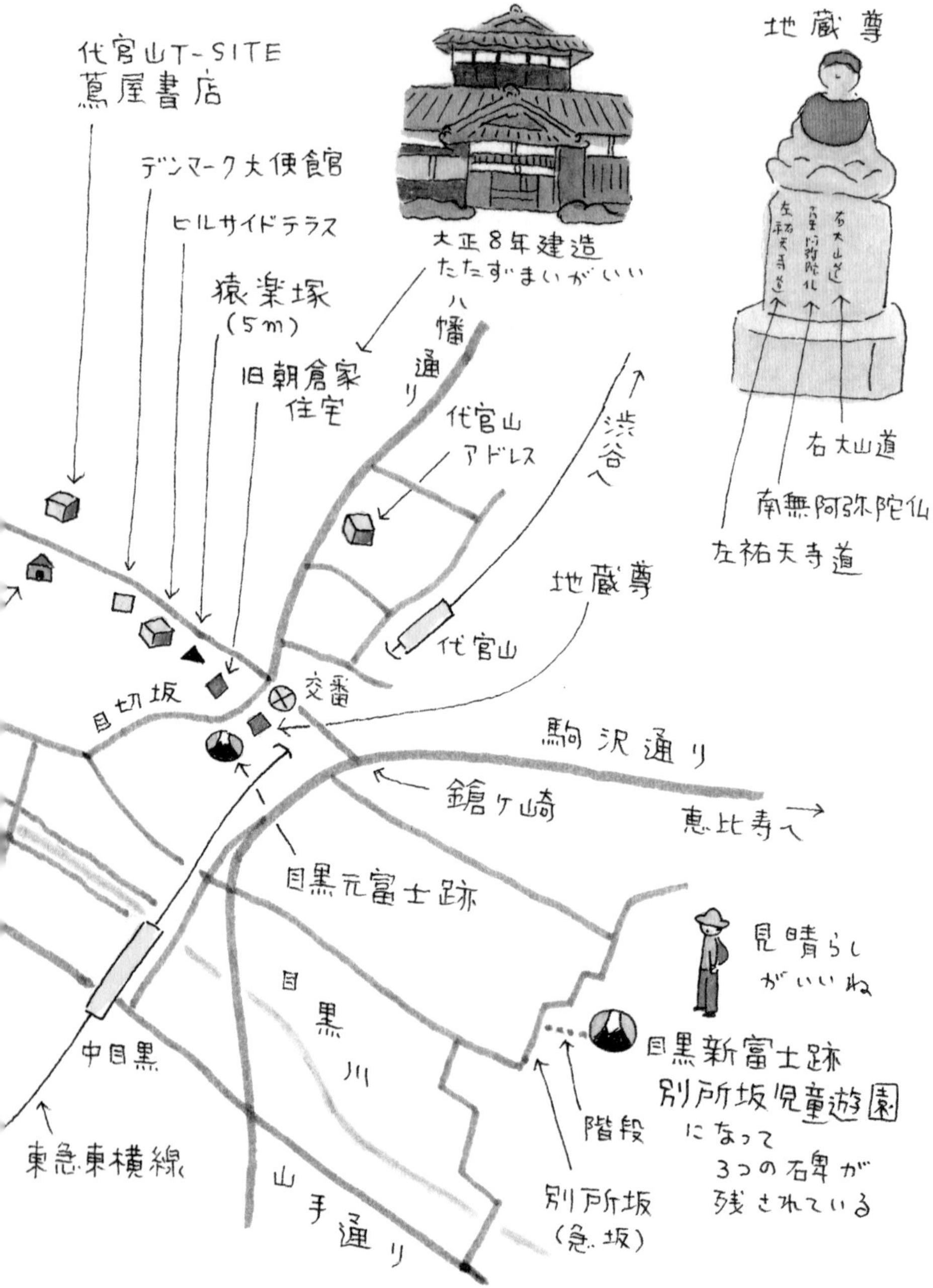

代官山T-SITE
蔦屋書店
デンマーク大使館
ヒルサイドテラス
猿楽塚
(5m)
旧朝倉家
住宅
大正8年建造
たたずまいがいい
八幡通り
代官山
アドレス
渋谷へ
地蔵尊
右大山道
南無阿弥陀仏
左祐天寺道
地蔵尊
代官山
交番
目切坂
駒沢通り
鎗ヶ崎
恵比寿へ
目黒元富士跡
見晴らし
がいいね
目黒新富士跡
別所坂児童遊園
になって
3つの石碑が
残されている
階段
別所坂
(急坂)
目
黒
川
中目黒
東急東横線
山手通り

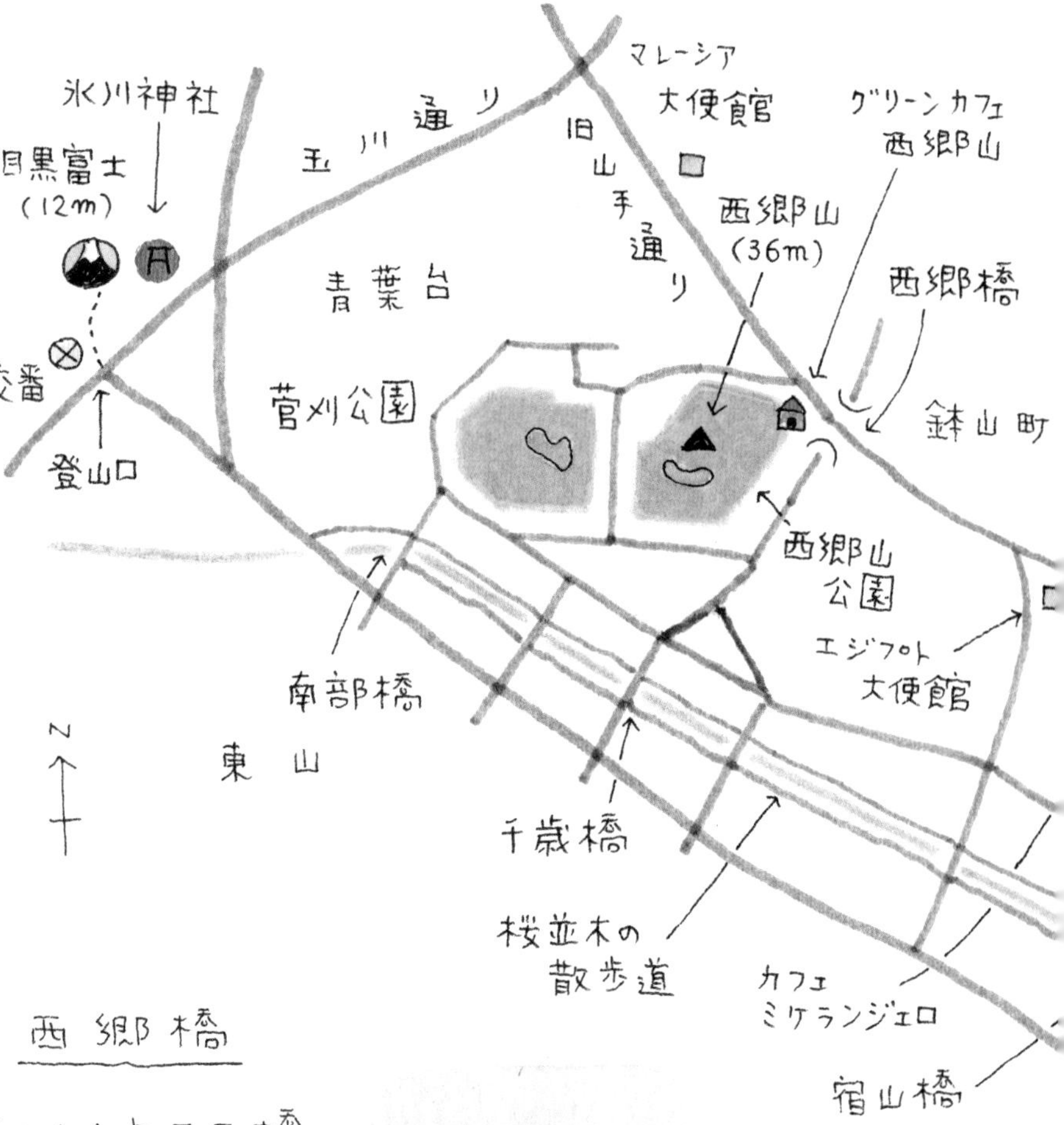

西郷橋

美しくレトロな橋
もとは三田用水を
渡すために造ら
れた水道橋

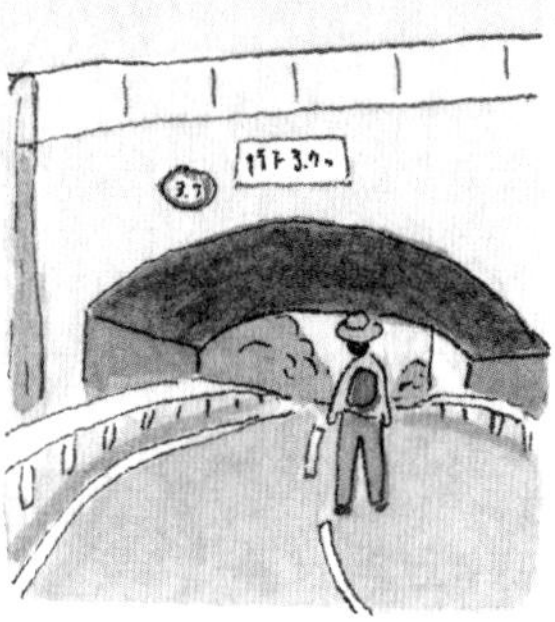

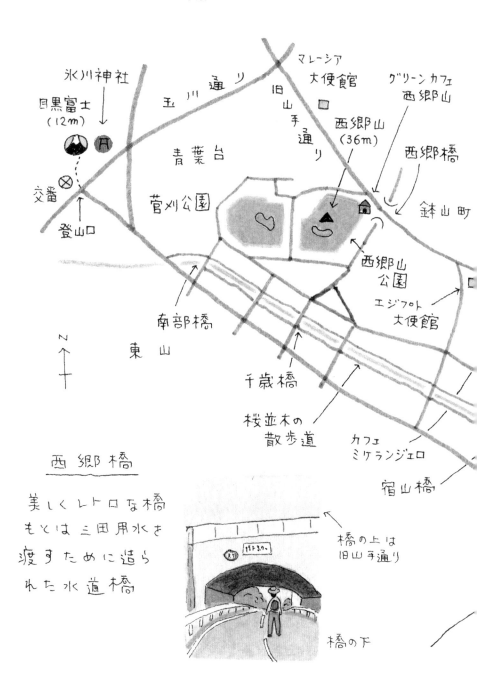

山手アルプス

椿山（標高28メートル）
↓
高田富士（高さ6メートル）
↓
箱根山（標高44.6メートル）
↓
天神山（標高34メートル）
↓
西大久保富士
（高さ2メートル）
↓
新宿富士（高さ1.5メートル）

※約8キロメートルのコース

目白台から東新宿へ山手の名峰をつなぐ

神田川をはさんで、瀟洒な佇まいをみせる文京区目白台と昭和の町並みを残す新宿区早稲田、さらに東新宿界隈は起伏の多い山岳地帯でもあった。

地図を広げ、つぶさに観察していくと高低差のある山手の名峰がアルプスのようにつながって見える。その主峰は山手線内最高峰といわれる箱根山（44・6メートル）になる。

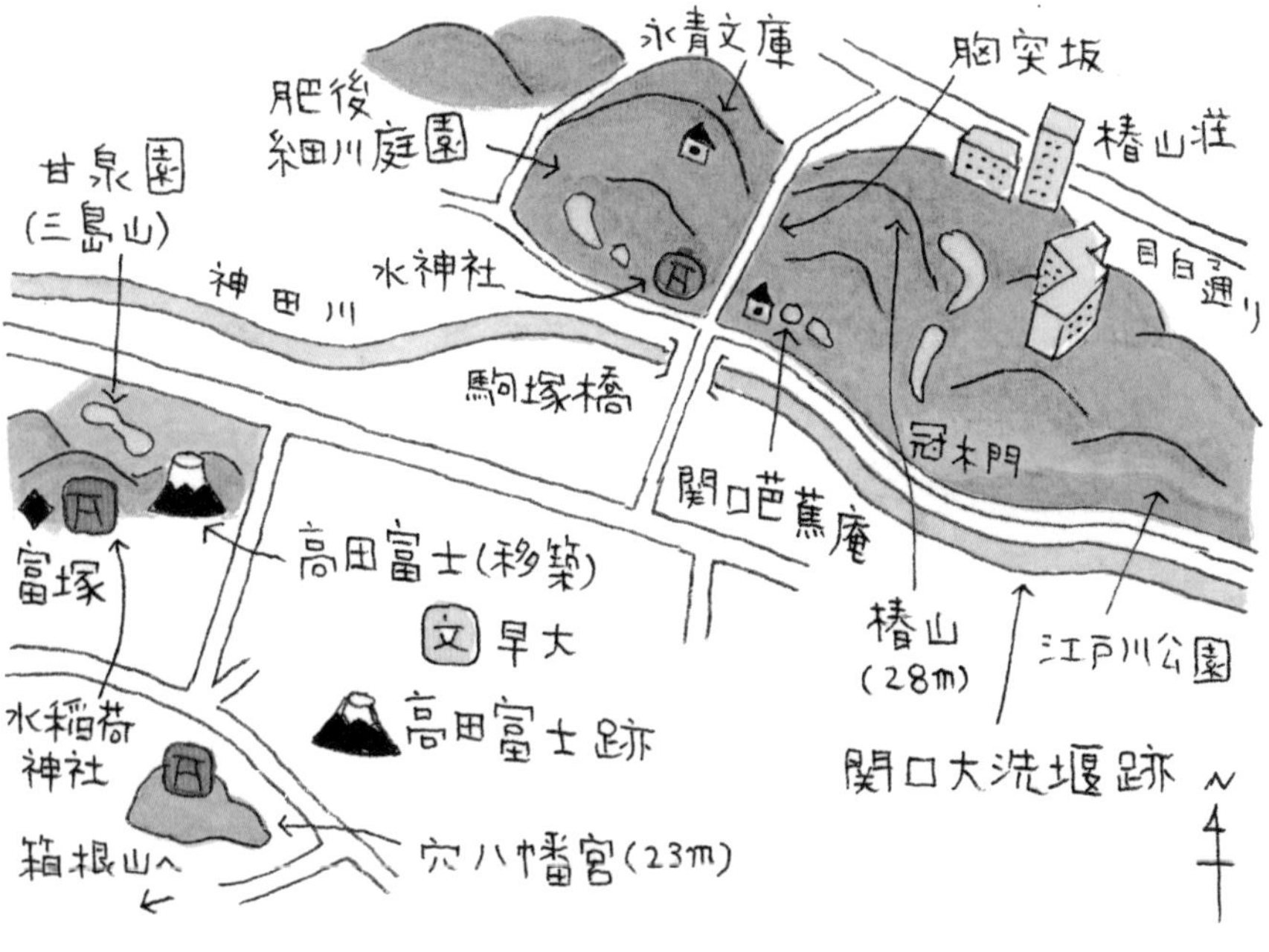

東京メトロ有楽町線の江戸川橋駅を出て、神田川に架かる江戸川橋を渡ると左手に江戸川公園の入り口がある。ここを山手アルプスの出発点とした。ちょうど目白台の末端で関口台といわれるところだ。

川岸に桜並木の遊歩道がつけられた江戸川公園は、古くから花見の名所でもあった。公園名になっている江戸川とは、神田川のかつての呼び名だ。江戸時代には御留川と呼ばれ、その後明治時代になって江戸川という名で親しまれてきた。

関口という名は、神田上水の水路に洗堰《あらいぜき》が造られていたことからついたという。堰止められた流れは江戸城内や神田や日本橋へ注ぎ込み、堰を越えた余水は神田川となって隅田川に流れた。公園内には大洗堰のレプリカを見ることができる。

神田川沿いの遊歩道は史跡の散歩道になって楽しい。瓦屋根をのせた塀の先に、冠木門という古風な入り口が現れる。結婚式場で有名な椿山荘《ちんざんそう》の裏門だ。勝手に入っていいものか不安になるがご安心を。庭園の入り口として無料で一般開放している。

庭園内の高台は椿山と呼ばれ、標高28メートルの山頂には三重塔が建っている。東西に続く目白崖線の比高が20メートルほどあるので、結構な高さになる。

椿山荘のある目白台周辺は、南北朝のころから椿が自生する景勝地として「つばきやま」と呼ばれ、江戸時代には上総久留里藩黒田家の下屋敷になっていた。

椿山荘の名が付いたのは明治11年、元勲、山縣有朋が東京の本邸として「つばきやま」を購入し、その名にちなんで命名したもの。複雑に入り組んだ「山と谷戸」は作庭好きの山縣を大いに喜ばせたのだろう。椿山の頂からの眺めは、眼下に神田上水が流れ、南には早稲田の田圃が広がり、西に富士を望めたという。

そんな椿山のことはずっと気になっていたが、結婚式場の敷地という立地に、なんとなく足が遠のいていた。そろり冠木門をくぐり、一路山頂をめざすと、小径の脇に御神木が存在感を見せた。高さ20メートル、根元の周囲４・５メートルの椎の巨木だ。案内板には椿山荘最古の樹齢５００年とあるから室町時代ということだろうか。「つばきやま」のパワーに圧倒される。

大正7年に藤田財閥が譲り受けたときに「庭園をありのままに残してほしい」という山縣の意志を受け、上手に林泉回遊式庭園を守ってきた。三つあった山上のうち、ホテルなどの施設で二つは山容を変えたが、西方の三重塔の椿山は今も変わりなく鎮座している。

山上はそのまま「関口芭蕉庵」や、明治の元勲《げんくん》田中光顕《みつあき》伯爵邸の「蕉雨園《しょううえん》」ととなり合わせになっている。どうやら椿山はひとつの大きな山とみていいだろう。

二つの谷戸からの湧水は池を潤し、森に包まれた渓谷を生み、深山と水景を織りなしていた。山道を下っていくと庭師が剪定作業をしていた。思わず「いい仕事しているな」と見入ってしまう。

▲

椿山荘をあとにして、『江戸名所図会』にも描かれている隣家の関口芭蕉庵に寄ってみる。ご存知、俳人・松尾芭蕉が30歳半ばだった延宝5年（1677）から4年ほどの間、神田上水の改修工事にたずさわった際に居宅にした場所だ。

崖地に沿った庭は草木が生い茂り、こぢんまりとしたひょうたん池には土橋が架けられ、深山幽谷の雰囲気。奥にまわれば竹林もあって都心とは思えない趣だ。

それにしても工事監督と俳人は、どうも結びつかない。ちなみに『おくのほそ道』は、その後芭蕉が深川に転居してから生まれた俳諧紀行だ。

おとなりには2本のイチョウの大木を従えるように「水神社《すいじんじゃ》」が佇んでいた。小山になったところに質素な社殿がひっそりあるだけだが、かつて神田上水の守護として祀られたという。

水神社と芭蕉庵に挟まれるようにある坂は、その名も胸突坂。自分の胸を突くように上がることから、江戸の人が、急な坂によく付けた名前である。坂下の駒塚橋から目白通りに向かって蕉雨園と永青文庫（旧細川家下屋敷跡）をすり抜けるように駆け上っている。目白台の急崖をダイレクトに体感できる坂道だ。

▲

ところで目白台の崖線は権力者たちの好みだったのだろう。大名屋敷にはじまり、元勲、政治家、実業家など、時の権力者として神田川に沿ったこの丘に居を構えた。椿山荘の山縣有朋、蕉雨園の田中光顕しかり、水神社隣の肥後熊本藩細川家もそう。目白御殿と呼ばれた旧田中角栄邸も丘の上にあった。

駒塚橋から土塀に沿って行くと、新江戸川庭園がいつの間にか再整備して肥後細川庭園と改称していた。道理でどこもかしこも真新しい。かつて細川越中守の下屋敷跡で、明治以降は細川侯爵邸となった庭園は無料で一般開放している。

庭園のスタンダードとなった、ひょうたん池を配し、目白台の急斜面を山に見立て、木立の中を小径が上り下りしていく。まるでハイキングを楽しむようだ。残念なのは、山名がないのが惜しまれる。

いったん駒塚橋に戻り、早稲田側に渡る。対岸から東西に連なる目白台の緑の尾根を眺めていると、それぞれの時の権力者たちの姿が浮かんで見えた。

新目白通りに出て、西方のこんもりした森山をめざす。神田川を挟んで目白台と向き合った「甘泉園《かんせんえん》」だ。かつて徳川御三卿の清水家の下屋敷があったところ。明治には相馬侯爵邸となり、昭和になると早稲田大学が譲り受け付属の庭園に、昭和44年に新宿区の公園になった。

対岸の目白台の庭園と同じく、ここもひょうたん池を中心に、三方を森山で囲んだ回遊式庭園になっている。南側の山上は高低差6メートルの三島山になる。

高台にある水稲荷神社は、もともとここではなく少し離れた現在の早稲田大学キャンパスにあった。境内には安永8年（1779）に、植木職人・高田藤四郎が富士を模して、10年近くかけた高さ10メートルの大らかな高田富士を築造した。江戸最古の富士塚として参詣者でにぎ

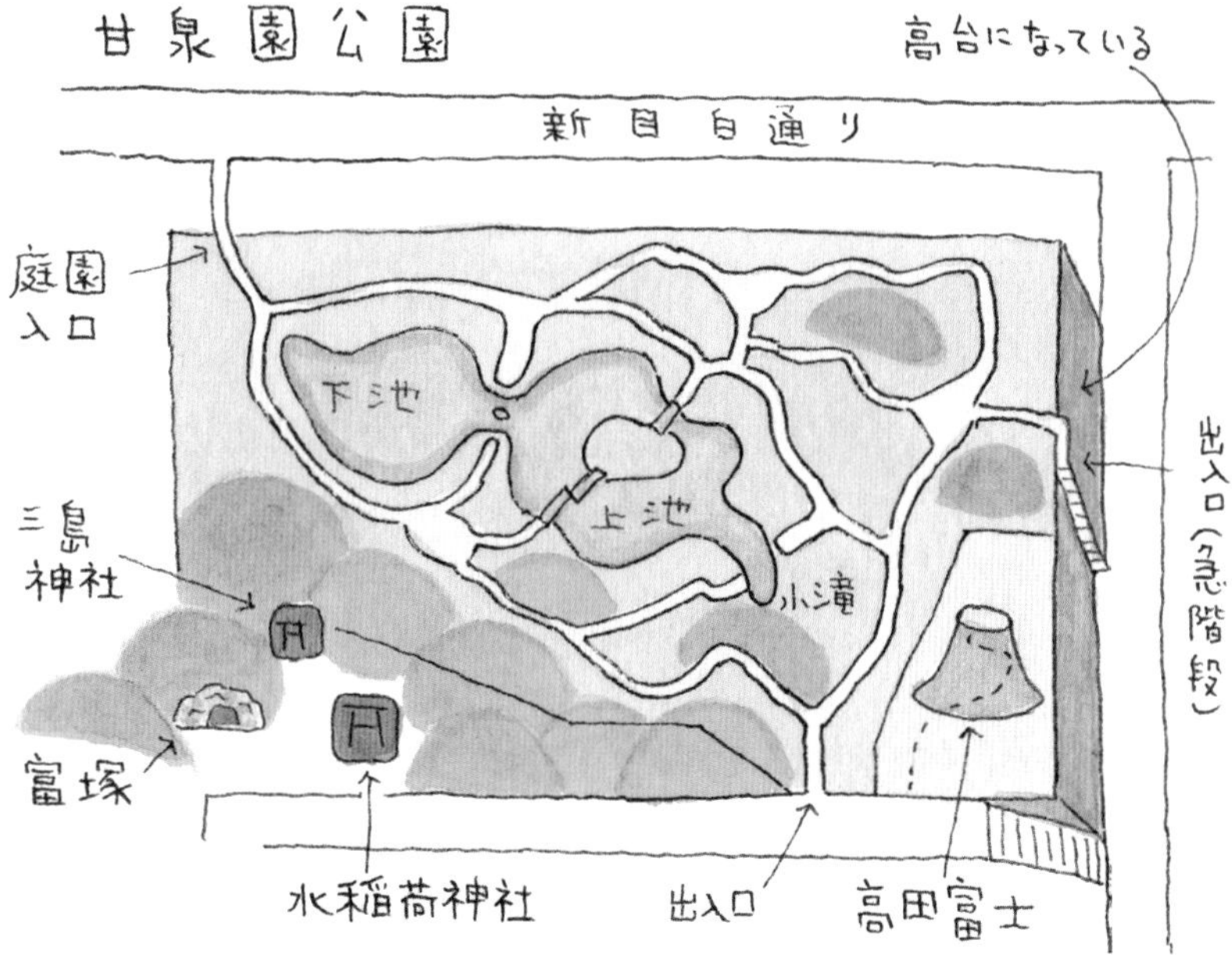

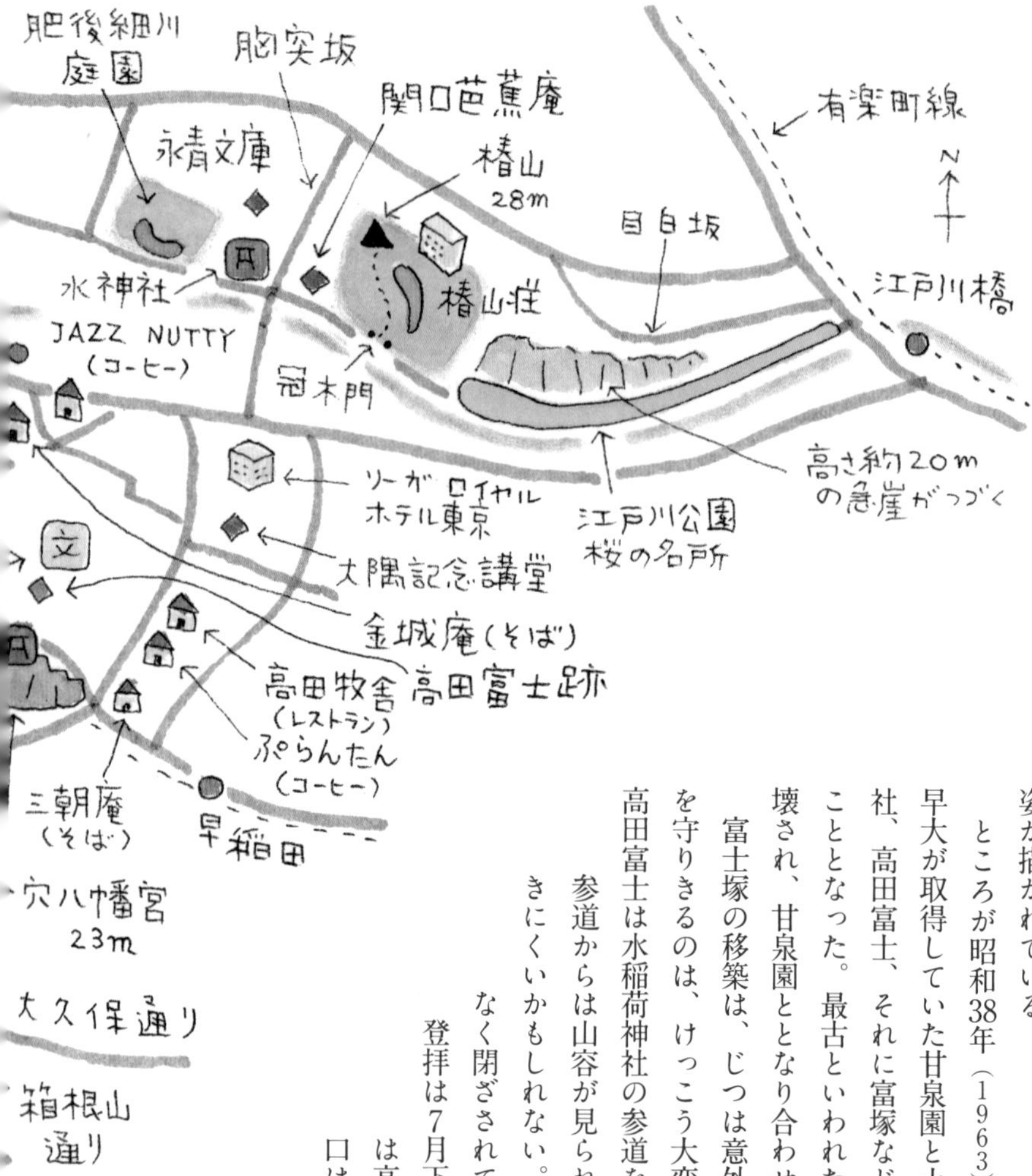

わったという。『江戸名所図会』にも誇らしげに富士の姿が描かれている。

ところが昭和38年（1963）になると大学拡張に伴い、早大が取得していた甘泉園と土地交換によって水稲荷神社、高田富士、それに富塚など、まるごと引っ越しすることとなった。最古といわれた高田富士はあえなく取り壊され、甘泉園ととなり合わせに移築した。

富士塚の移築は、じつは意外と多く、都心で富士の姿を守りきるのは、けっこう大変なことでもある。現在の高田富士は水稲荷神社の参道を入ってすぐ右手にあった。参道からは山容が見られないこともあって、気づきにくいかもしれない。ましてやふだんは素っ気なく閉ざされているだけになおさらだ。

登拝は7月下旬の2日間だけ。山開きは高田富士祭りとして、登山口は華々しく飾り付けられ登山者を迎えてくれる。移築後の高田富士は縮小して高さ6メートルほど。登山口には浅間

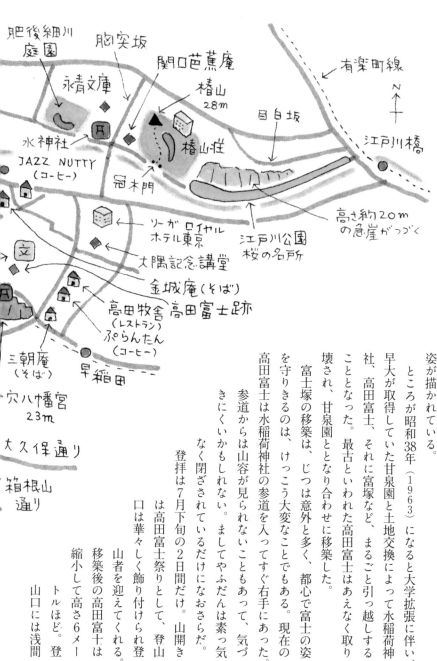

おとめ山
33m
学習院大
明治通り
都電荒川線
神田川
目白通り
面影橋
早稲田
甘泉園公園
新目白通り
東西線
高田馬場
山手線
三島山
高田富士
早稲田通り
諏訪通り
水稲荷神社
西早稲田
グランド坂
戸山公園サービスセンター
マクドナルド
早稲田大早稲田キャンパス
荒井山
25m
副都心線
箱根山
44.6m
戸山公園
椎木坂
新大久保
西武新宿
西大久保富士
稲荷鬼王神社
東新宿
金沢浴場
戸山教会（幼稚園）
戸山ハイツ
大江戸線
梯子坂
歌舞伎町
東宝湯
新宿富士
花園神社
西向天神社
天神山
東大久保富士
天神小
新宿文化センター
花園万頭
新宿
新宿イーストサイドスクエア

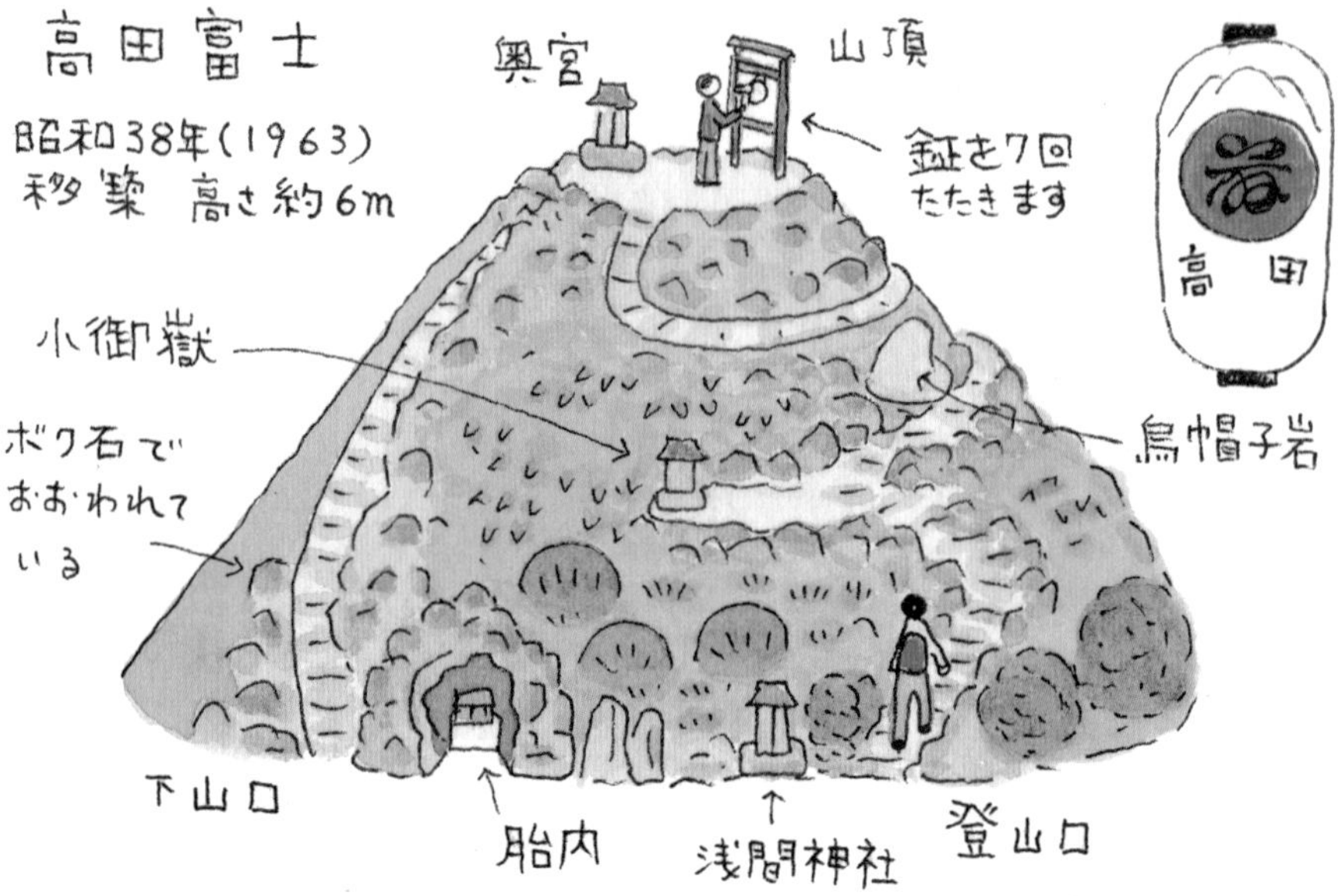

神社の里宮が設えられ、ボク石を散りばめた登山道を上がっていくと、お約束の5合目を示した小御嶽の祠がちゃんとある。

さらにタコの頭のような烏帽子岩を見て、いよいよ山頂へ。奥宮の向かいに富士塚では珍しい鉦が設置されている。健康と幸せを願って7回たたくといいらしい。下山したところには立派な御胎内が再現されていた。

▲

山手アルプスも中盤。このへんで休息していこう。鼻を利かせて選んだのは大正8年創業の金城庵本館。そばと丼ものが名物で「上カツ丼フェア」に惹かれて暖簾をくぐった。ボリューム満点で、実においしかった。あとで知ったのだが、作家の三島由紀夫が「楯の会」の結成式をこの店の2階で行ったのだという。

早稲田の学生街には、味わい深い飲食店が多い。老舗といえば穴八幡下の江戸後期創業の「三朝庵」もそのひとつ。カレーうどん発祥の店でも知られている。洋食なら創業明治38年の「高田牧舎」になるだろうか。その並びに創業昭和25年の自家焙煎珈琲の「ぷらんたん」が、まさに学生街の喫茶店という感じだ。

早稲田通りに出ると、創建康平5年（1062）の穴八幡宮が高台に鎮座している。このあたり古くは阿弥陀山ともいわれ、高低差は10メートルほどになる。冬至の日には一陽来復のお守りを求めて長い行列になるが、これも江戸時代から続く風物詩。商売繁盛、出世、開運などにご利益があるという。

お参りしたら、つぎは箱根山に向かう。諏訪通りを上がれば戸山公園はすぐそこだ。ここにはかつて尾張徳川家の下屋敷があったところ。早稲田口から入ってすぐの広場は、広大な大泉水があった場所。長さ約30メートルの琥珀橋が架けられ、大池のまわりには築山や茶屋、寺社などを配した池泉回遊式庭園になっていた。

公園西端、戸山ハイツの団地があるあたりは「御町屋」と呼ばれた小田原宿を再現したところ。そこから見上げたのが玉圓峰、今の呼び名で箱根山になる。

築山といっても、350年も経つと、もう立派な天然の山の様相をみせる。箱根山西口の道標から上がると、その高低差に驚くはず。超低山の中でも人気の山だ。記念に登頂証明書をもらえるサービスもうれしい。

さて山手アルプスも終盤になってきた。森の中の戸山ハイツの団地を抜け、大久保通りを渡り東新宿に入る。路地裏と坂道の多い土地だ。ダジャレではないが、箱根山とくれば山麓に「いで湯」がほしいところ。温泉とはいかないけれどありました。ここだよ！と言わんばかりに、昭和の街中にあるような銭湯、金沢浴場の煙突が目に入った。

いで湯はあとのお楽しみにして、路地裏から抜弁天通りを横切り天神山をめざす。標高34メートルの山上には創建安貞2年（1228）の西向天神社と、境内の南端に天保13年（1842）築造の東大久保富士があった。

高さ2メートルほどの溶岩で固めた黒い岩隗のてっぺんには日之尊と刻んだ碑が建っている。塚はフェンスに囲まれて登拝はできないようだ。脇の階段坂に回り込んでみると、西向きの斜面に築かれた富士塚の全貌が現れた。下からの高さは10メートルほどだろうか。合目石や講碑などが点々とみえる。

東があれば西の富士もある。地下鉄東新宿駅からほど近い稲荷鬼王神社にある西大久保富士だ。東側の裏参道から入ると、二つに分断された富士塚がある。昭和5年築造だが、昭和43年の社殿再建のときに二分されたという。

2メートルほどの高さにカットされた塚は、参道を挟むように右側に1合目から4合目。左側に5合目から山頂まで。合目石や馬返し、中道、亀岩などの石碑、御胎内などがコンパクトに積み重なっている。

　社殿に手を合わせ表口に出ると、そこは歌舞伎町の一角。南に新宿の総鎮守花園神社に向かう。ラストは境内の片隅にある新宿富士。昭和3年築造当時は、高さ8メートルあったというが、昭和42年の移築後は高さ1・5メートルほどに。知らなければ通り過ぎてしまうほど極小富士になった。芸能浅間神社と謳っているだけに、芸能関係の奉納が多いことでも有名な富士塚だ。

　名峰をつないだ山手アルプスは、権力者の山から庶民のミニ富士と続く、東京再発見の山旅になった。

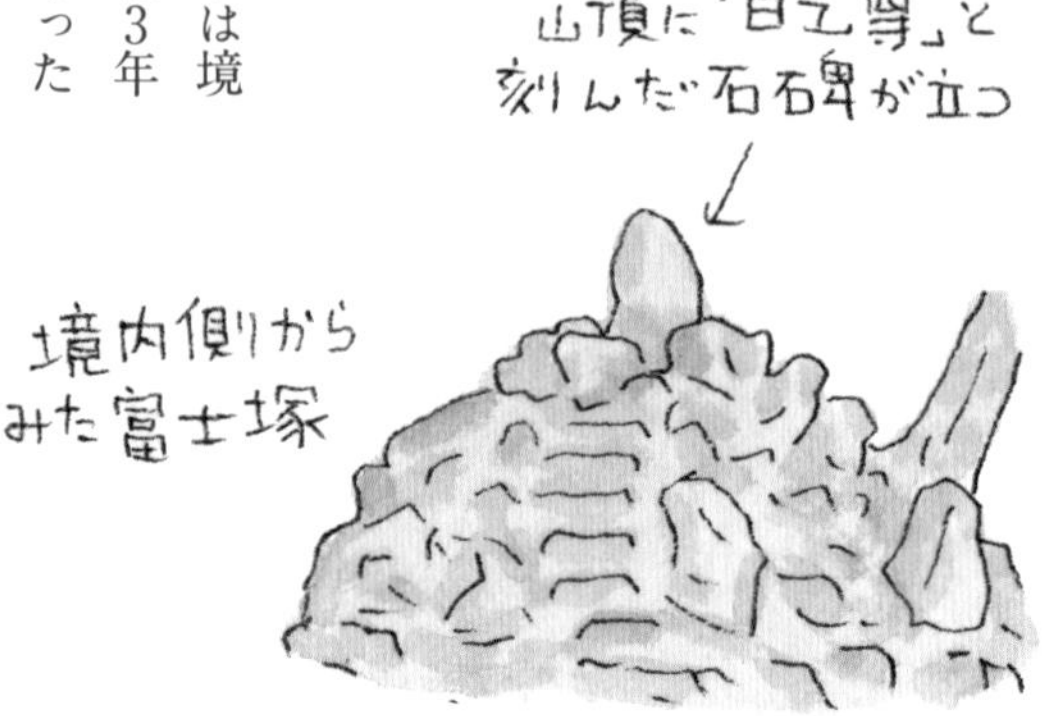

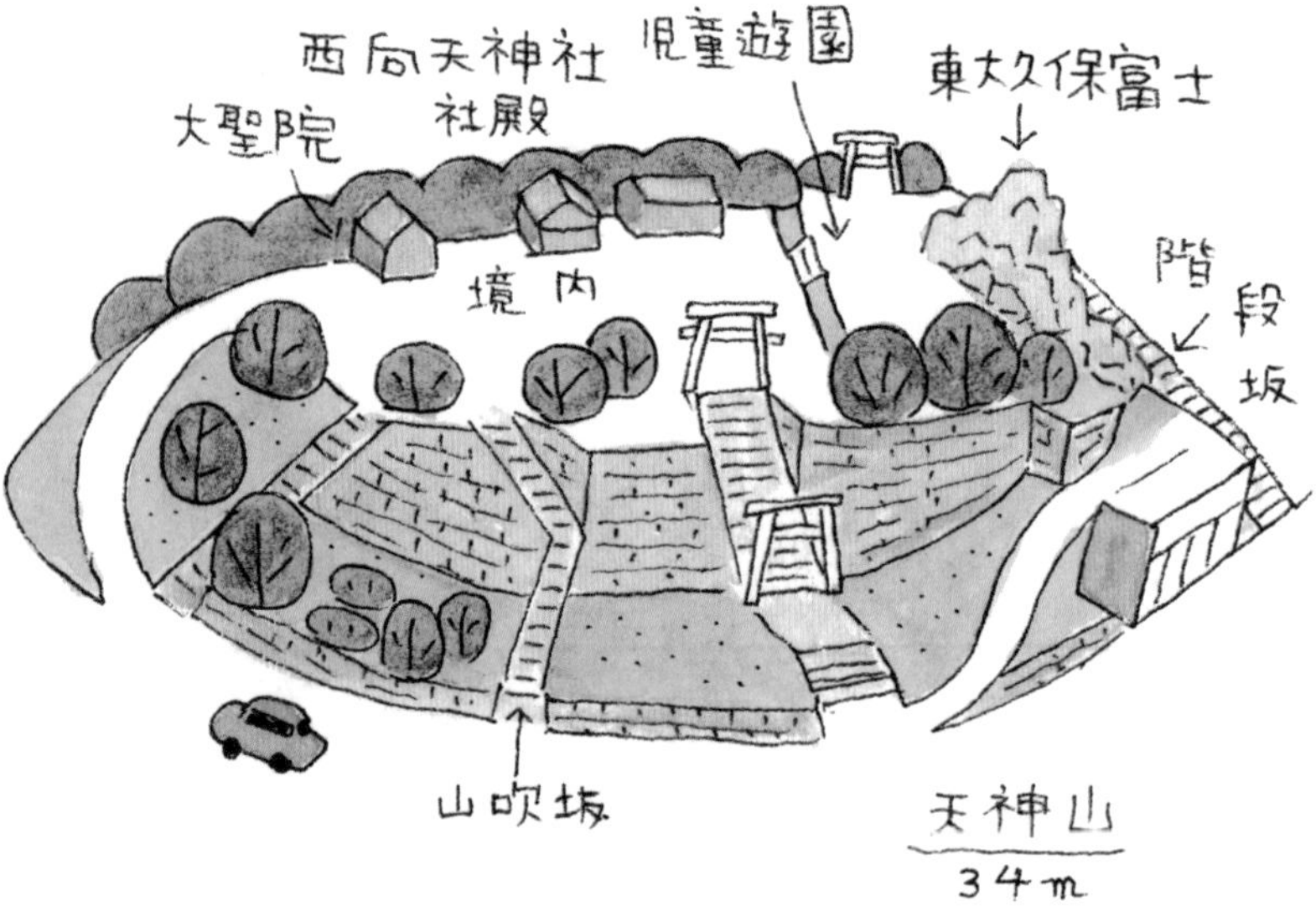

4章

少し足を伸ばして郊外へ

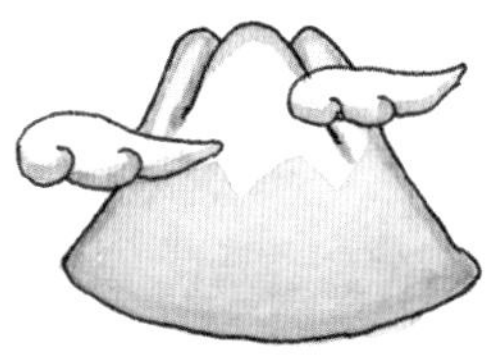

くじら山

くじらやま
小金井市前原町
標高53メートル
築山

緑の海原に丸い山頂、原っぱのシンボル

すてきな山がある。その名も「くじら山」。野川の流れる都立武蔵野公園内にある、高さ6メートルほどの原っぱのかわいい築山だ。近くの小学校を建設したときに出た残土を積み上げたものが、くじらの背の形に似ていたことから、いつしか子どもたちは「くじら山」と呼ぶ

くじらの頭
が山頂
展望良好
どこからでも
登れます
ガクアジサイ
が見られます
くじら山
山麓は広大な
原っぱ

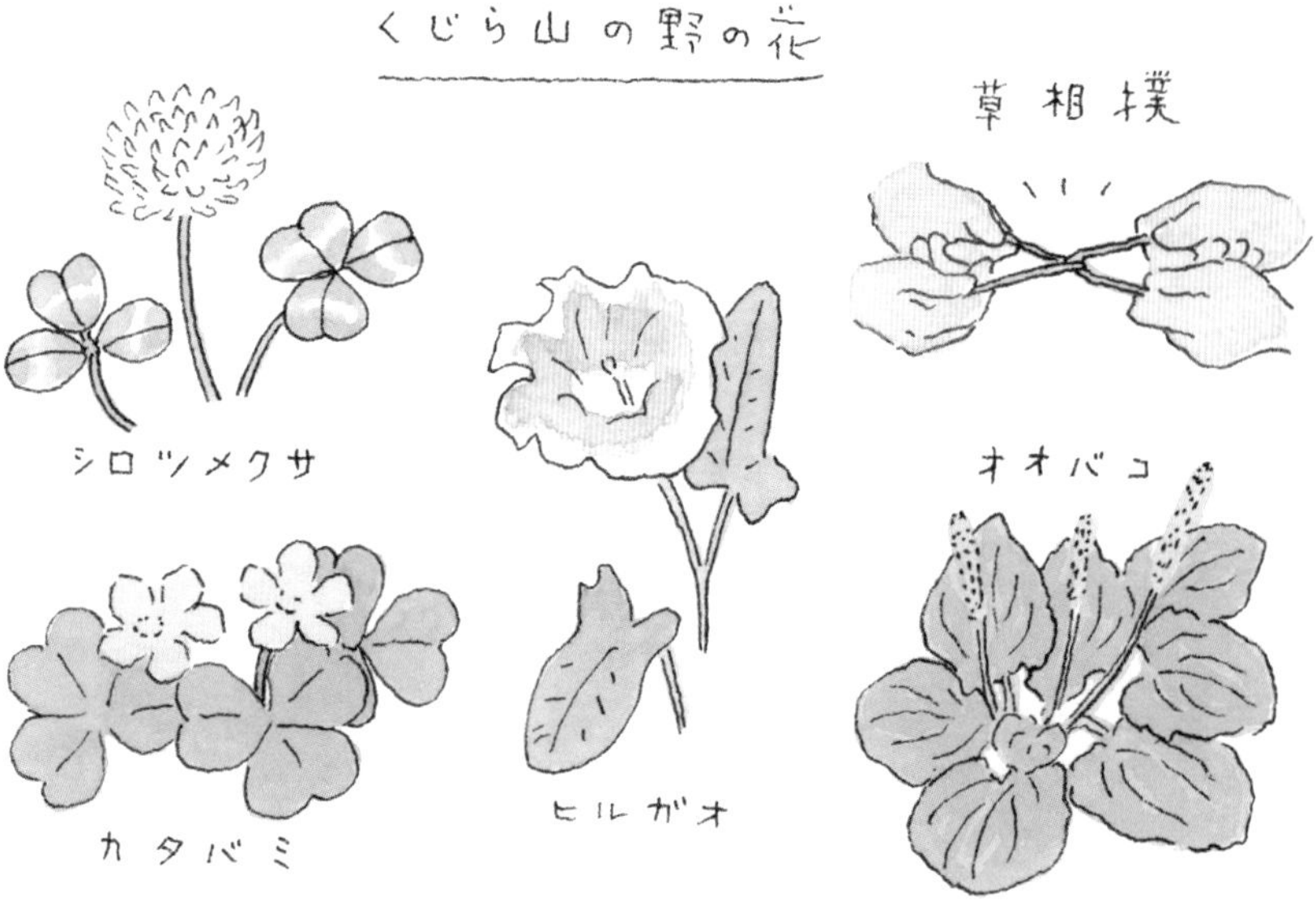

ようになった。このおとぎ話のようなエピソードが、ぼくはとても好きだ。

築山といえば、大名屋敷などの回遊式築山泉水庭園では、お殿様の遊山のために造られたものだが、公園のくじら山には偉い人は誰もいない。誰もが「お山の大将」になれる、子どもたちの自慢の山だ。

さて今回は、くじら山まで自転車を走らせてみた。杉並区荻窪付近を出発して、千川上水の遊歩道をポタリングしながら西南方向へさかのぼっていく。千川上水は、江戸時代に徳川綱吉により開削された、今でいう水道。玉川上水の境橋から分水して、豊島区巣鴨へ流れている。

今ではそのほとんどが暗渠になっているが、五日市街道沿いのあたりは開渠になっていて、のどかな小川のようになっている。ぼくの好きな土手道がある多摩湖自転車道へも途中から入っていける。

境橋から玉川上水緑道に入り、しばらく進んで適当な道を左折して南下、JR中央線が走る東小金井付近を通り抜け、野川に突き当たれば武蔵野公園はもう目の前だ。自然たっぷりの公園は、野鳥や昆虫の宝庫でもある。「はけ」と呼ばれる国分寺崖線からの湧水を集め、野川へと流れている。

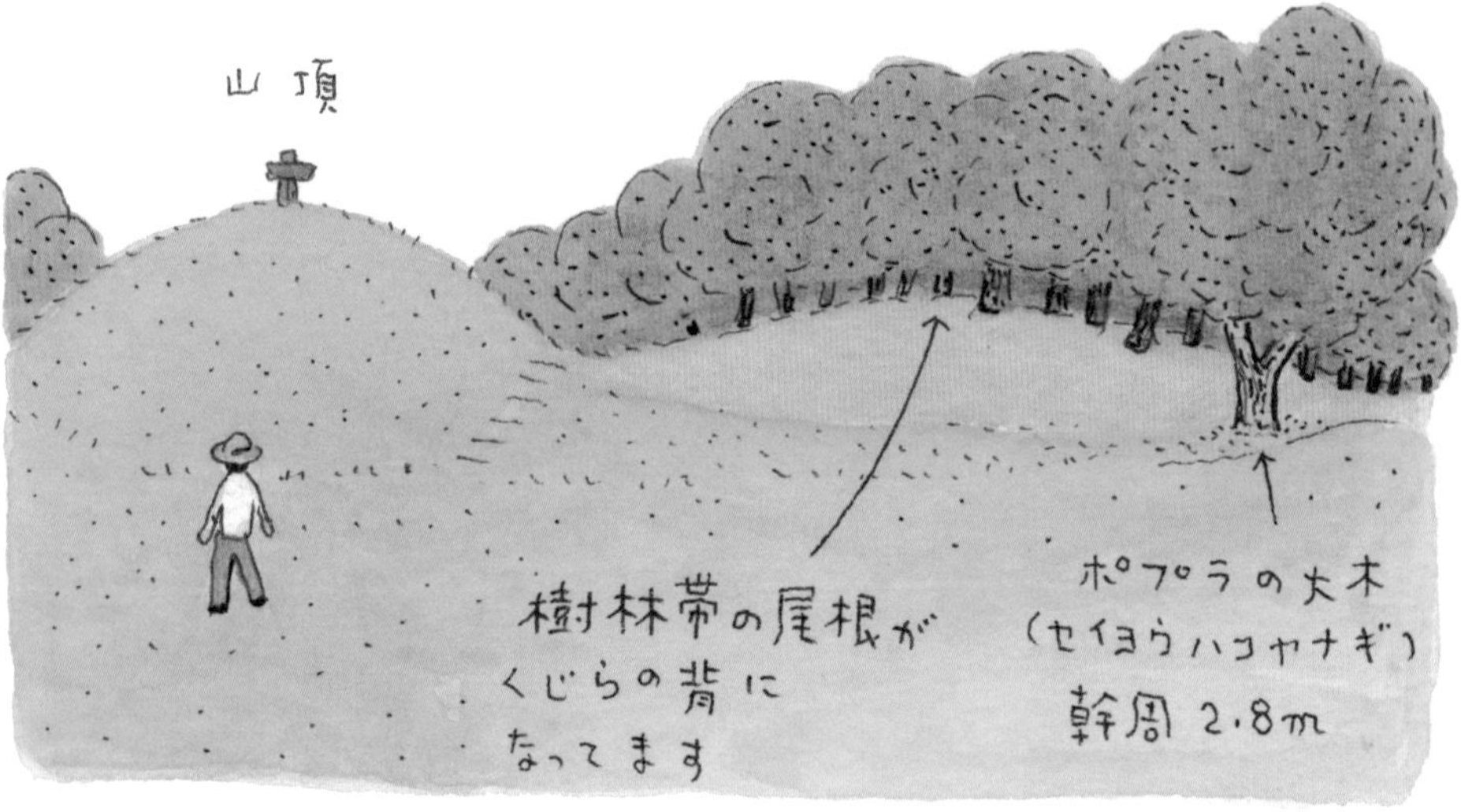

くじら山は野川に沿った原っぱの一角になだらかな裾野を広げていた。その姿はいかにも小さなふくらみだが、山頂からの眺めは驚くほどいい。原っぱの先には、こんもりと茂った「はけ」の丘陵が横たわって見える。うれしいことに、誰が設置したのか山名を示すプレートまである。よく見ると標高53メートルと表記してある。

見た目、5、6メートルほどの小さな丘なのに、なぜ？と思われるが、このあたりの武蔵野台地の標高が50メートル前後なので、堂々とした数字というわけだ。かわいい勲章をもらった「くじら山」は、まさしく小さくても立派な山になっていた。

原っぱのシンボル、くじら山は、まるで緑の海原に浮かんでいるように見える。丸い山頂は、ちょうどくじらの頭から背中になって、そのまま馬の背になった尾根道を下って行くと木立になっている。小粒ながらも本当の山にいるような雰囲気がいい。

くじら山には、年にいちど、子どもから大人まで楽しめる秋祭りがある。市民有志によって開催されている「武蔵野はらっぱ祭り」だ。ことのはじまりは野川の自然保護運動がきっかけだった。いまあるくじら山下の原っぱは、こうした市民の力によって生き残ったもの。以来、昭和62年（1987）に始まったお祭りも今年で31年を迎える。たかが原っぱ、されど原っぱではじまった祭りも、もはや伝統の祭りといっていいかもしれない。

市民の力を結集した祭りは、内容もまた凄かった。くじら山の裾野にはリサイクルバザーや、あらゆる国の料理の屋台が並び、手作りのステージではライブコンサートが、原っぱのあちこちでは大道芸などのパフォーマンスを見せる。

10数年前にはじめてきたときのヒッピー度はぐんと少なくなったが、それでも心地いい自由さは変わることもなく、唯一無二の楽園のフェスティバル。くじら山は祭りのシンボルでもあった。

ふたたび頂上に駆け上がると、あの原っぱにいた少年たちが円陣を組んでいた。なにやら遊びの相談をしているようで、ジャンケンをし終えるとシロツメクサの斜面を滑り降りていった。ぼくは心地いい風に思わず草地に寝転び大空を仰いだ。どうやら子どもたちはおうちに帰ったのだろう。静かになった原っぱを西日がやさしく照らした。

徒歩なら、JR武蔵小金井駅から「はけの道」がおすすめ

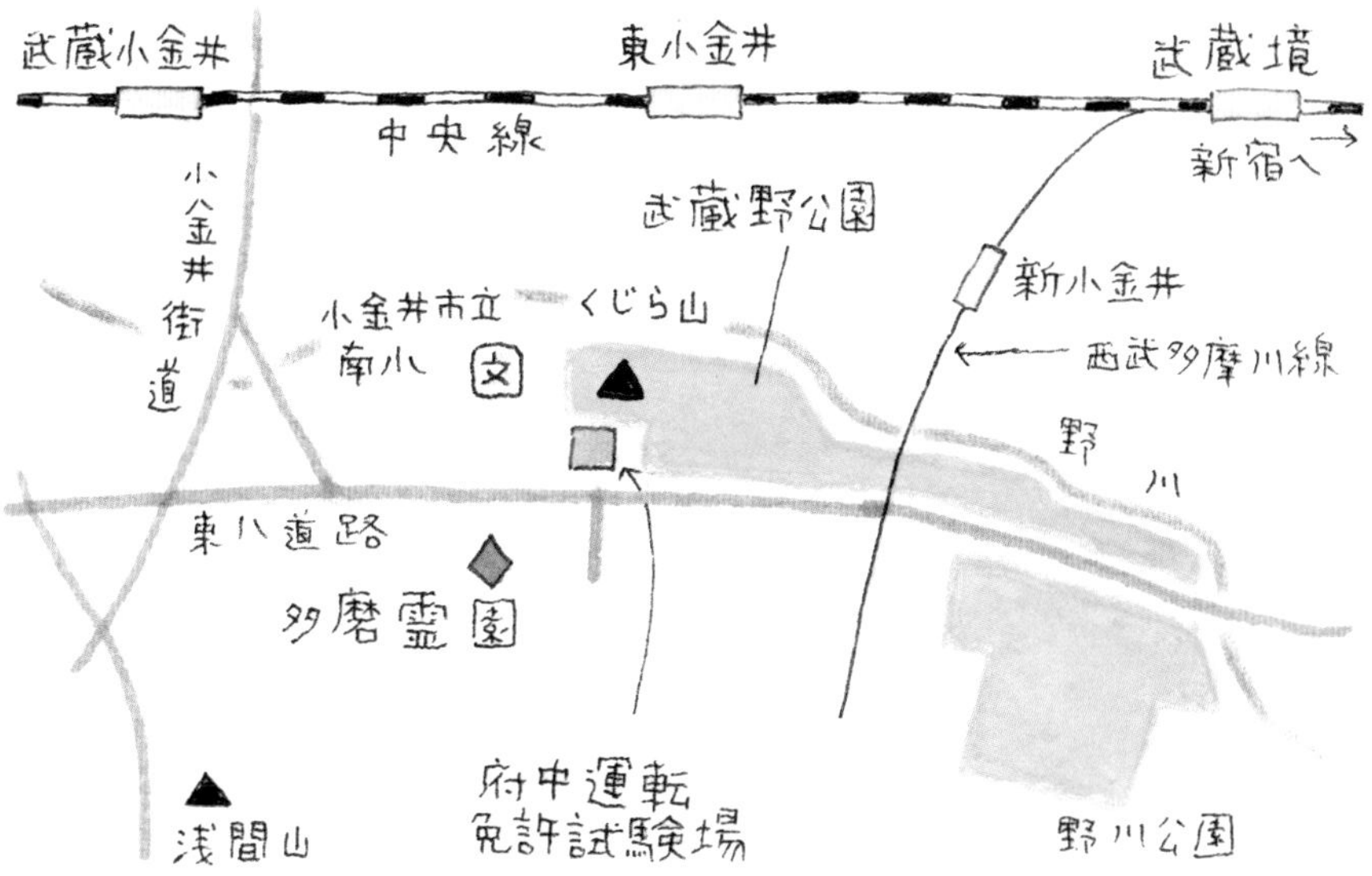

カニ山

かにやま

調布市深大寺南町

標高約50メートル

見立ての山

武蔵野の面影残す雑木林の山

深大寺の界隈はいつも清々しい。1300年の歴史をもつ古刹深大寺は凛としているし、となりの神代植物公園

は四季折々の花々でかぐわしい。あたりにはハケと呼ばれる段丘崖からの湧水があり、自然豊かな里山に出合える。そんな雰囲気が心を晴れやかにしてくれるのかもしれない。

深大寺の参道には、昔ながらの茶店や蕎麦屋が軒を連ねていて懐かしい感じがする。店先には名物の団子やおやき、草まんじゅうが並んでいる。深大寺そばも気になるところだ。

深大寺と神代植物公園を歩くだけでも楽しいが、もうひとつ、知る人ぞ知る小さな里山登山を加えたい。

カニ山は、標高約50メートル、高低差20メートルほどの、武蔵野の面影を残す雑木林がある小高い山だ。

深大寺から見ると、東へ三鷹通りを越えたこんもりとしたあたりになる。

「カニ山」の名は、かつてこの山の近くの沢にサワガニが棲んでいたことから、そう呼ばれるようになったという。たぶん言い出したのは子どもたちだろう。

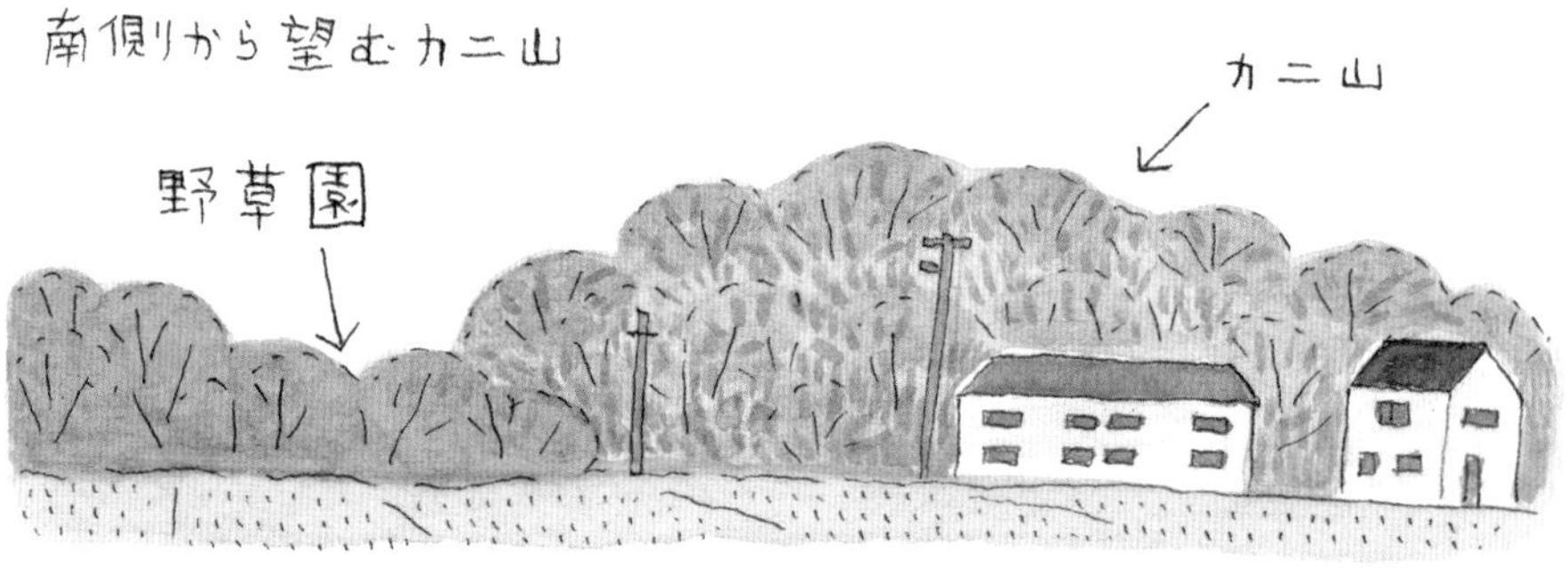

さて山を登ろう。京王線調布駅からバスで15分ほどの深大寺からめざすのが最短だが、山麓の町からカニ山を登って、深大寺をゴールにしてみた。

京王線国領駅からスタートして、北に向かい野川に突き当たったら清流に沿って上流を行く。大橋に出れば祇園寺は近い。

調布は、漫画家の水木しげるにゆかりのある町だ。祇園寺は、『ゲゲゲの鬼太郎』で夜な夜な本堂の縁の下で妖怪たちの集会場になったところでもある。もしかしたらと思い、つい床下をのぞいてしまう。

この佐須町という地域には、このあたりでは最近珍しくなった田んぼが広がっている。田んぼと横たわるカニ山の風景はじつに絵になる。佐須街道に出て柏野小学校の脇道から真っすぐ行けば野草園とカニ山の表登山口になる。

こちらは下山口にして、手前の青い屋根のアパートの右方にある小径から登ることにした。ちょっと秘密の入り口みたいでワクワクする。目印はお地蔵さんだ。

急な道を上がると、すぐに中腹の休憩広場に飛び出す。雑木林に囲まれた広場はカブトムシやクワガタの宝庫。地元の小学校の遠足の山にもなっており、子どもたちが遊ぶのに事欠かない別天地だ。

道標に従って急坂をひと登りすると、山頂に着く。国分寺崖線上の平べったい頂上はデイキャンプ場になっていて、かまどや炊事場もある。樹木の間に調布の街並が望めた。

山頂北側の小道を辿ると、野草園から上がってくる車道と合わさり住宅地になっている。平らな北面と急斜面の南面という地形から、カニ山が見立ての山というのがよくわかる。

山麓に下りて野草園に向かう。ここには約３００種の山野草を見ることができる。中央自動車道の斜面にはカタクリの自生地があり、ホタルの小川では６月上旬に鑑賞会も開かれる。

高速道路の橋桁をくぐって行くと、谷間のようになってくる。ここはちょうど谷戸地形になったところで、その最奥部に都立農業高等学校の神代農場がすっぽり収まっていた。湧き出た沢は池ノ谷と呼ばれワサビ田を潤し、国分寺崖線の湧水を集めながらマセ口《ぐち》川の用水路になって野川に注いだ。マセ口川には絶滅危惧種のホトケドジョウが生息しているという。

いよいよコースの終盤。深大寺自然広場の谷間で神代農場を右手にしながら段丘崖に付けられた急な階段を上っていく。台地に出ると、とたんに空が開けた。さらに中央自動車道に架かった橋を渡り、深大寺へ向かう。途中には無人の野菜販売所や庭先で切り花を売っていた。散歩の人がけっこう立ち寄っている。

三鷹通りを渡ると、見慣れ

カニ山

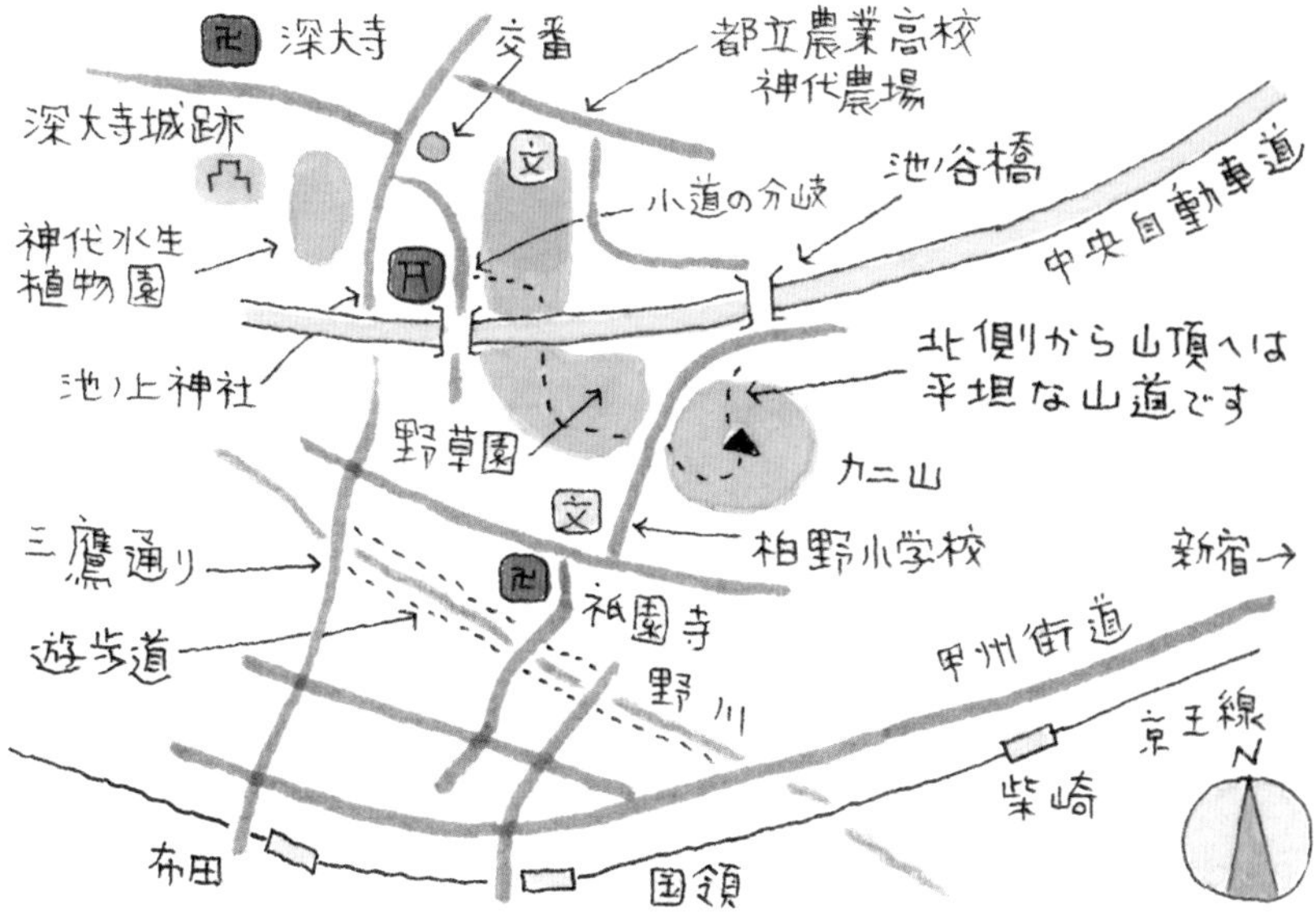

た深大寺の一角に出る。行く手には水生植物園があり、園内に沿って比高約15メートルの丘陵になっていた。その上はかつて深大寺城があったところだ。説明板によると、河越城主扇谷上杉朝定《うえすぎともさだ》が北条氏綱の侵攻に備えて天文6年（1537）に再興した城といわれている。

水生植物園に入って小高い丘に上がって行くと、意外にも広々とした広場になっていた。戦国時代に造営された城跡には三つの郭、土塁や土橋、それに空堀などを見ることができる。お城のイメージはなかなか湧いてこないが、居心地がいいのでお弁当を広げるには最適だ。

深大寺通りの坂を上がっていくと、ぐんと参拝客が増えてきた。参道入り口の鬼太郎茶屋は、妖怪たちとの記念撮影でにぎわっている。国領駅から歩きはじめて2時間ほど。そろそろお腹も空いてきた。その前に深大寺へお参りをして行こう。奈良時代の天平5年（733）、満功上人により創建といわれ、東京では浅草寺に次ぐ古刹だ。

門前町にはお蕎麦屋さんが20軒ほどあるが、ちょっと先にお気に入りの店があったのを思い出して、水車を見ながら先を急いだ。

野草園に自生するカタクリは3月下旬から4月上旬が見ごろ

浅間山

せんげんやま

府中市若松町

標高79.6メートル

天然の山

超低山としては トップクラスの山容

浅間山は、東京都府中市唯一の天然の山で、昭和45年（1970）に整備されて、都立浅間山公園として開園した。東側の多磨霊園から見ると、緑の孤島のように横たわって見える。雑木林は今も武蔵野の面影を残しており、よく「山」として保全されてきたものだと感心してしまう。

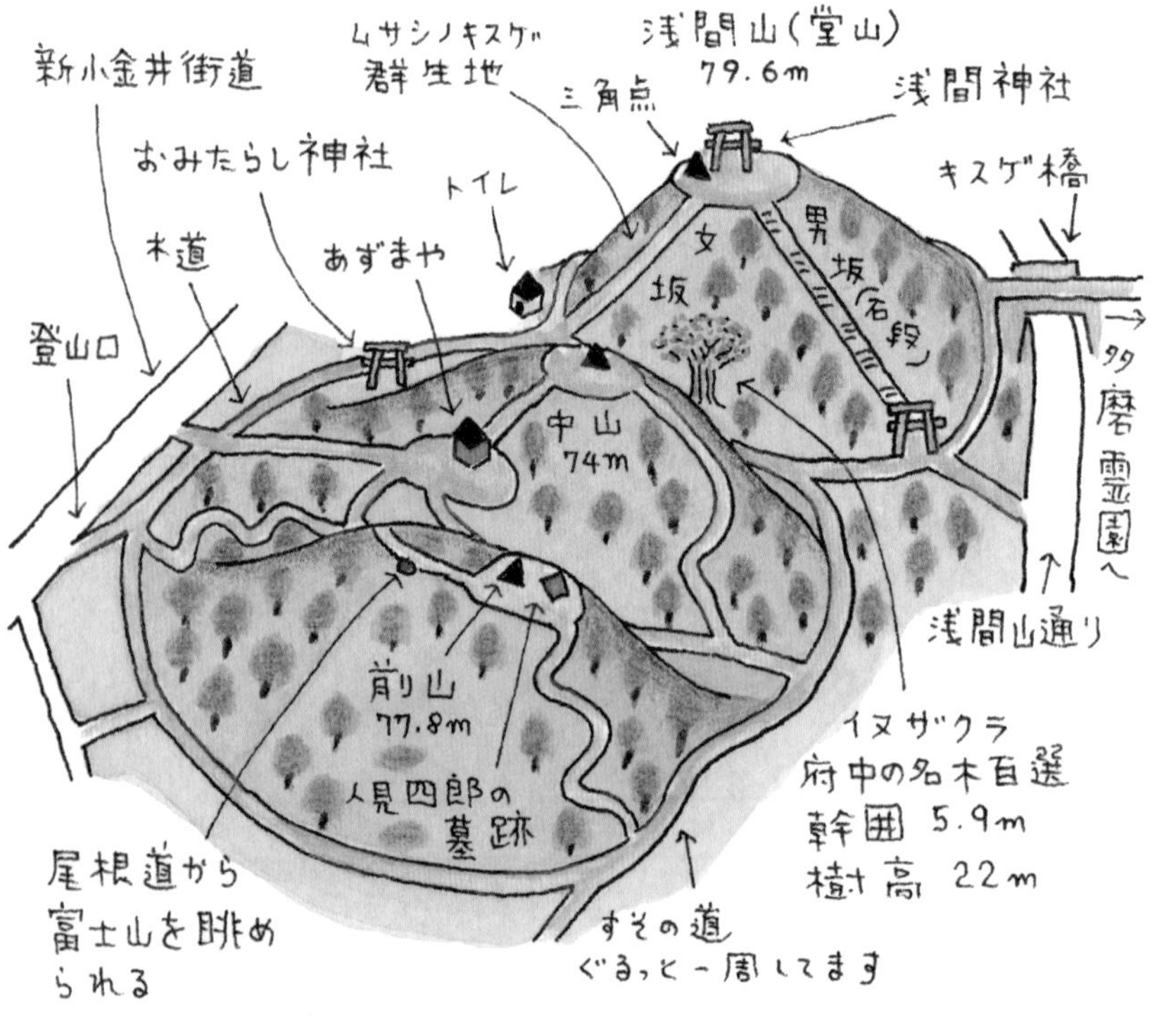

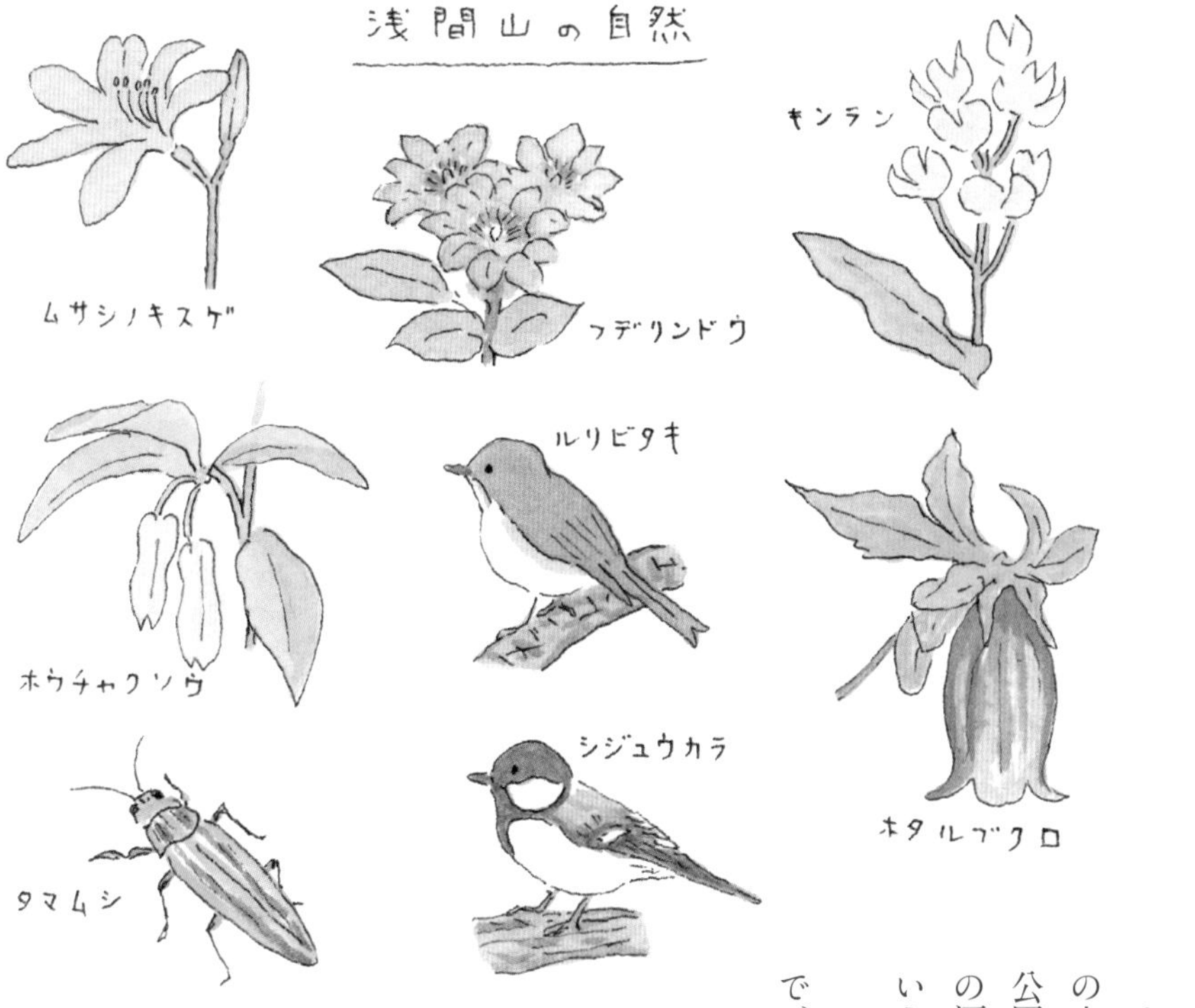

それにしても標高約80メートルの山がどうしてできたのだろう。公園の案内によると、地質が周辺の河岸段丘の地質と異なるのだという。

これは多摩丘陵を構成する地質で、武蔵野段丘や立川段丘が形成される以前に古多摩川によって周囲を削り取られ、孤立して残った浸食丘ということらしい。

その山容といえば、東京の超低山のなかではトップクラス。山全体を見渡すことができないほど広い。山名の浅間山は堂山を最高峰に、中山、前山の三山を総称したもので、堂山山頂に祀った浅間神社からその名が付いた。山頂の道標には浅間山と表記してある。

この山には人見山という別名もある。このあたりは江戸時代になる前に人見村と呼ばれていた場所で、今も残る人見街道はその名残だ。

浅間山へは、京王線東府中駅からバスに乗ると5分ほどで行けるが、ここはのんびり歩いて行きたい。新小金井街道の東側に沿ってこんもりとした森にな

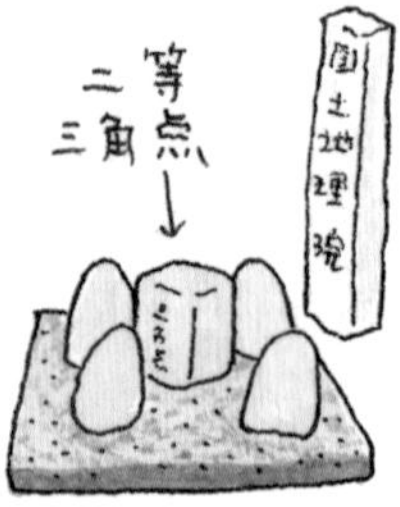

っている山なのですぐ目につく。登山口はいくつもあって、どこから入山してもすぐに合流するので、好きなところから登ってみよう。

　これまでの都心にある築山や富士塚と比べると、ずっとスケールが大きいが、そこはやはり超低山たる所以。山の両端まで400メートルもないので、縦横無尽に気の向くまま歩いてみると楽しい。

　登山道は大きく分けて、山裾をぐるりと一周する「すその道」、高台の「尾根道」、それに浅間山の憩いの場である休憩所の「あずまや」と山間をつなぐ「あずまや道」の3本。まず登山口から上がるとすぐに、林間に「あずまや」が現れる。ここを起点に三山の道が分かれる。

　右手の前山の尾根に上がると、コナラやクヌギの雑木林の山上になっていて気持ちがいい。ここからは富士山の眺めがよく、関東の富士見百景にも選ばれている。道標には、「富士山81キロメートル」とあった。標高77・8メートルの前山は尾根の末端といった感じで、一角に人見四郎の墓跡が立っている。鎌倉時代末から南北朝時代に活躍した武将だという。

　急坂を下って、二番手の中山をめざす。歩いていると奥多摩をハイキングしているような気分になる。ひと登りすればベンチのある標高74メートルの山頂だ。いったん下ってイヌザクラの名木を通ると、堂山とのコル（鞍部）になる。ここにはトイレもある。

　三山のラストは、浅間山の主峰、堂山。標高79・6メートル、麓からの高低差は30メートルになる。道標に従って女坂を上がると、あっという間に浅間神社のある小広い山頂に出た。石で囲んだ円形の小山は古墳ともいわれるが、富士塚にも見える。浅間神社ということもあって、古くから富士信仰が盛んだったのだろう。社殿はないが、小さな石祠《せきし》が祀られている。祭神は木花咲耶姫《このはなさくやひめの》命《みこと》になる。その傍らには二等三角点の標石があり、ここが天然の山だという証を示している。残念ながら樹木が茂って、それほど見晴らしはよくないが、山頂のベンチでは、弁当を広げている人もいて楽しげだ。思わず手ぶらで来てしまったことを悔やむ。子どもたちもにぎやかに登ってくる。昆虫を探しているのだろうか。浅間山はカブトムシやクワガタ、チョウなどの宝庫でもあるのだ。

女坂があれば、男坂もある。当然、こっちのほうが斜度のきつい石段だ。せっかくなので、二つの坂道を上ったり、下ったりする。これも超低山ならでは楽しみ方。

もう少し歩きたいときは、浅間山と多摩霊園を結ぶ吊り橋のキスゲ橋を渡ると東側の登山口になる。霊園内を北へ東八道路に出れば、武蔵野公園の「くじら山」はすぐそこ。プチ縦走してみるのもいい。

浅間山の見どころは、里山を思わす雑木林と花の多さだろう。とくにこの山だけに自生するムサシノキスゲは必見。ニッコウキスゲの変種で、

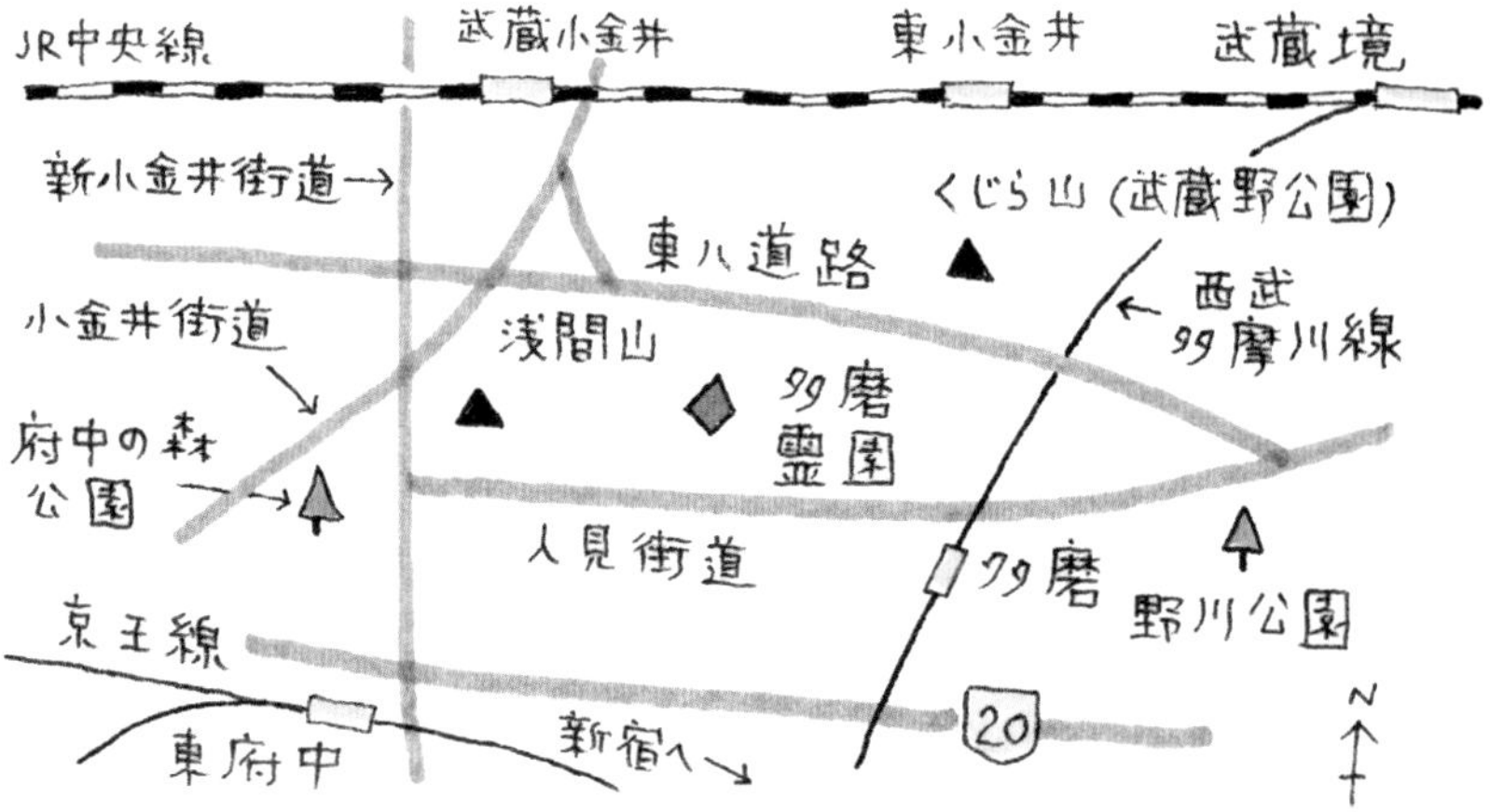

明るい林床に咲き、5月ともなれば女坂あたりに黄色い彩りを見せる。ほかにも初夏に開花するあでやかなキンラン、ギンラン、さらにホウチャクソウ、ヒトリシズカなども楽しめる。

「すその道」を北側に回っていくと中山の山腹に小さな鳥居が立って、なにやら祀ってある。「おみたらし」と呼ばれた、水神社のようだ。よく見ると土に埋もれた小さな祠から水がポタポタと滴り落ちている。湧水は神事に使われている。

山裾を歩いていくと、すぐそばには住宅が立ち並んでいる。それこそ夕食の匂いが届きそうなほど近い。そんな里山と暮らしのほどよい関係が心地いい。つぎはお弁当を忘れずにピクニックに来よう。

固有種のムサシノキスゲは5月中旬が見ごろ。

馬の背

うまのせ

小平市花小金井南町

高低差5メートル

人工の尾根

見晴らしのいい爽快な尾根道

ちょっとローカルな話。東京都心から西武新宿線に乗って30分程、いかにもベッドタウンといった趣の小平市花小金井に着く。ここは武蔵野の一角、ぼくの育った町でもある。

子どものころ「水道道路」と呼ばれる、どこまでも真っすぐに続く道があった。大正時代の終わりごろに多摩湖（村山貯水池）から境浄水場まで、約10キロにわたって水道管を敷設した。その上に設けられたのが「水道道路」

馬の背

で、スムーズに送水を行うために水道管はどこまでも真っすぐにつくる必要があった。道路といっても車は通れない歩行者専用の小道だ。

現在、その水道道路は、狭山・境緑道という名になって西武新宿線花小金井駅の南口を横切っている。春になれば桜の花道でひときわ華やかになるところ。自然と吸い込まれるように足が向くはずだ。この緑道には多摩湖自転車道も並走していて、散歩にジョギング、そしてポタリングと週末にもなれば、いつもにぎわっている。

歩行者用の狭山・境緑道、自転車専用道の多摩湖自転車道と、それぞれ名前のついた道だが、やっぱり水道道路と呼んでいたい。水道道路には特別な思い入れのある場所がある。花小金井駅から東へ行った、「馬の背」と呼ばれる高台。子どものころよく遊んだ、見晴らしのいい土手の道だ。

水道管が埋設された道は、そのぶん少し盛り上がった土手道になって、畑や家並みをかすめながら、ときには電車の線路に寄りそいながら進む。でも「馬の背」の部分だけは、その土手が山の尾根のように高く連なっていた。

久しぶりにそこを歩いてみた。水道道路と横並びだった西武線と離れ、鈴木街道と出合うと瀟洒な天然温泉施設が見えてくる。一直線の水道道路のいいところは迷うことがないことだが、ここから一本道が二手に分かれた。「馬の背」に変わるところだ。

小平と西東京の境になる場所は、土地がかなり低かったために盛土をして土堤の尾根を造り、その中に水道管を通した。それが「馬の背」と呼ばれるようになった。

それまで並行してきた多摩湖自転車道と分かれて、水道道路は高さを保持しながら、馬の背状になった尾根道を辿るようになる。土堤の高低差は5メートルぐらいだろうか、草地の土手は東西に200メートル程続いた。右下に見えるのは分岐した自転車専用道だ。

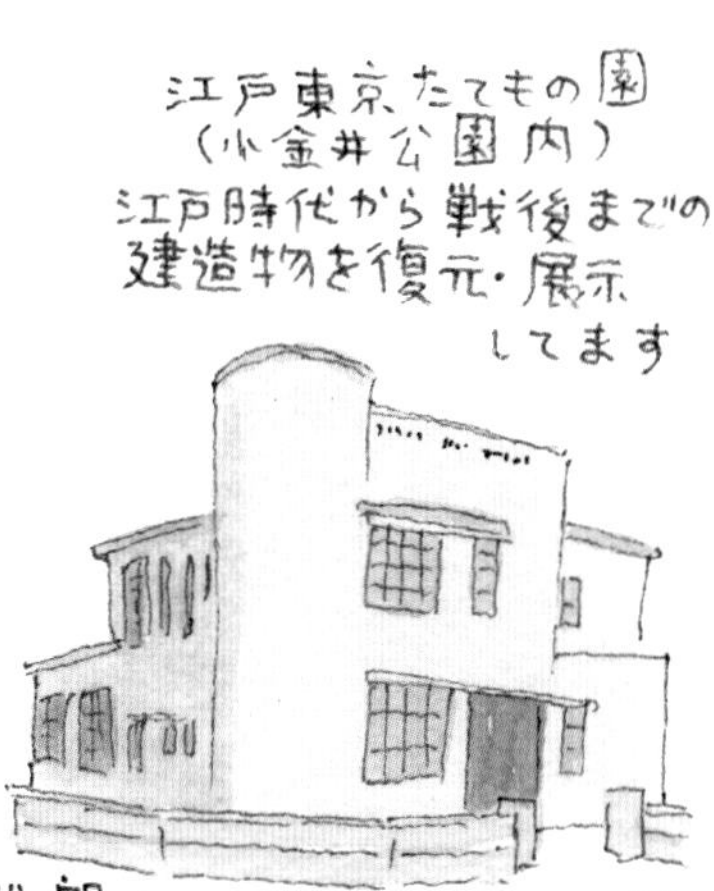
江戸東京たてもの園
(小金井公園内)
江戸時代から戦後までの
建造物を復元・展示
してます
常盤台写真場(昭和12年築)

馬の背の道は、子どものころより少し広くなった気もしたが、それ以外は当時と変わっていないようだ。空は広く、見晴らしもいい。尾根道の途中には「馬の背」の主のようなエノキの大木が根を広げている。

右手の大きな森は、馬の背とセットでよく遊んだ都立小金井公園だ。花見の名所で、どこもかしこも桜色に染まる。園内の江戸東京たてもの園はタイムスリップしたような気分になれて楽しめるので、ぜひ立ち寄ってほしいところだ。

馬の背と交差するように川が流れている。近くのゴルフ場を源にした石神井川だ。その土堤をくり抜いて通したのが「めがね橋」になる。土堤にふたつの口を開けた形から付いたものだが、馬の背はこの石神井川の上に水道管を通すために盛土して造られたものだった。考えたら不思議な構造だ。一級河川と太い水道管がクロスしているんだからおもしろい。

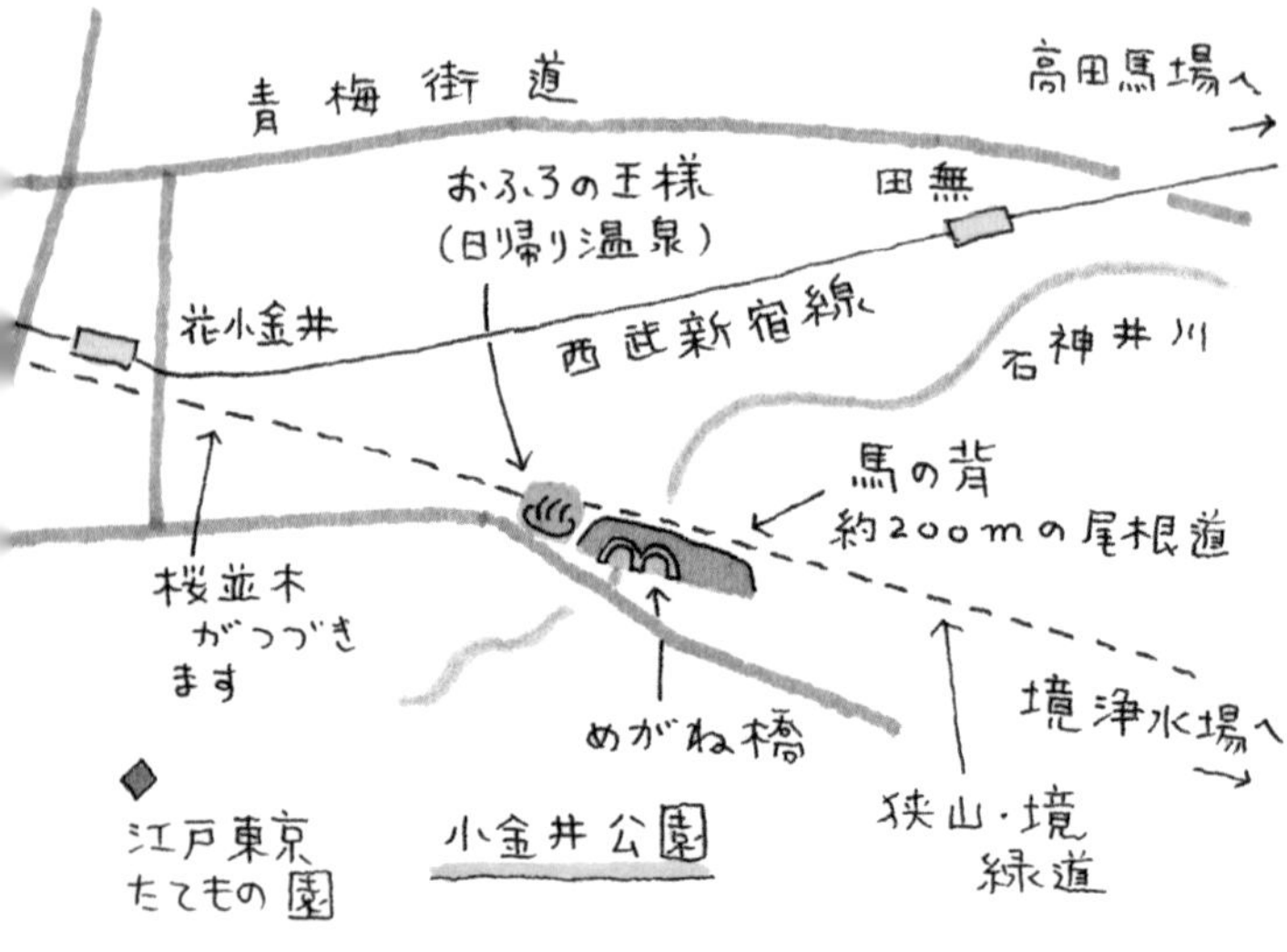

石神井川は、馬の背のめがね橋をくぐり、西東京市、練馬区、板橋区、さらに北区を経て隅田川にそそぎこむ。あの王子の飛鳥山山麓に流れる石神井川。八代将軍の徳川吉宗が音無川と名付けた川だ。山も谷もない小平を源に発し、馬の背から飛鳥山につながっているのかと思うと感慨深い。

川のまわりをのぞくと、残念なことにコンクリートで固められてしまっている。かつては川遊びをしたり、トンネルのようなめがね橋で、探検ごっこをしたものだ。土手の草地ではバッタが跳ね、キンポウゲやリンドウの花が咲いていた。ぼくたちはその急斜面の草地でダンボールを尻に敷いて何度も滑り降りた。

馬の背

馬の背の尾根道は、今は自転車通行禁止になっている。落ちたら危ないから、ということらしい。そのために土手の下に自転車専用道があるわけだ。子どものころは、もっと細い尾根道だったけれど、それでもけっこう走り抜けていた。たまに自転車ごと土手を転げ落ちることもあったらしいけど、大けがをしたという話は聞いたことはなかった。のどかな時代だった。

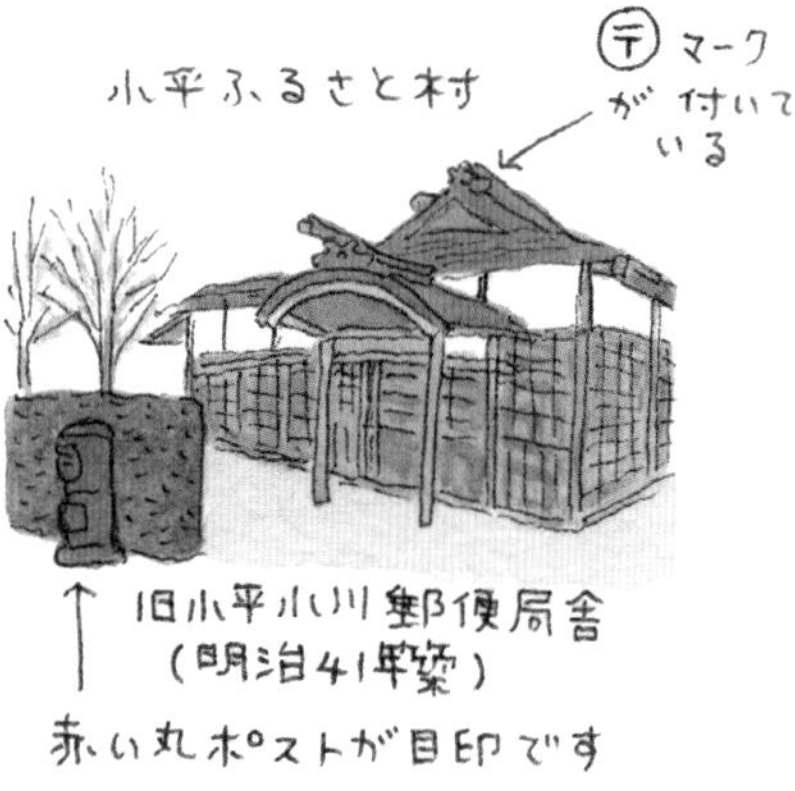

頂上もなく山とはいえない馬の背だけど、それでも両脇に裾野を下ろした馬の背は、じつに爽快な尾根道になっていた。近ごろは初日の出を楽しみに訪れる人も多いそうだ。

草地に腰を落とし、真っすぐ続く水道道路を眺めていると、畑で焚き火だろうか、ゆらゆらと煙が昇っている。馬の背はこの先で再び、多摩湖自転車道と高さを合わせて合流した。

花壇を飾った家並みを通り抜け、道路を何度も横切りながら、水道道路はひたすら真っすぐ南東の方向にある武蔵野市の境浄水場をめざして続いていた。

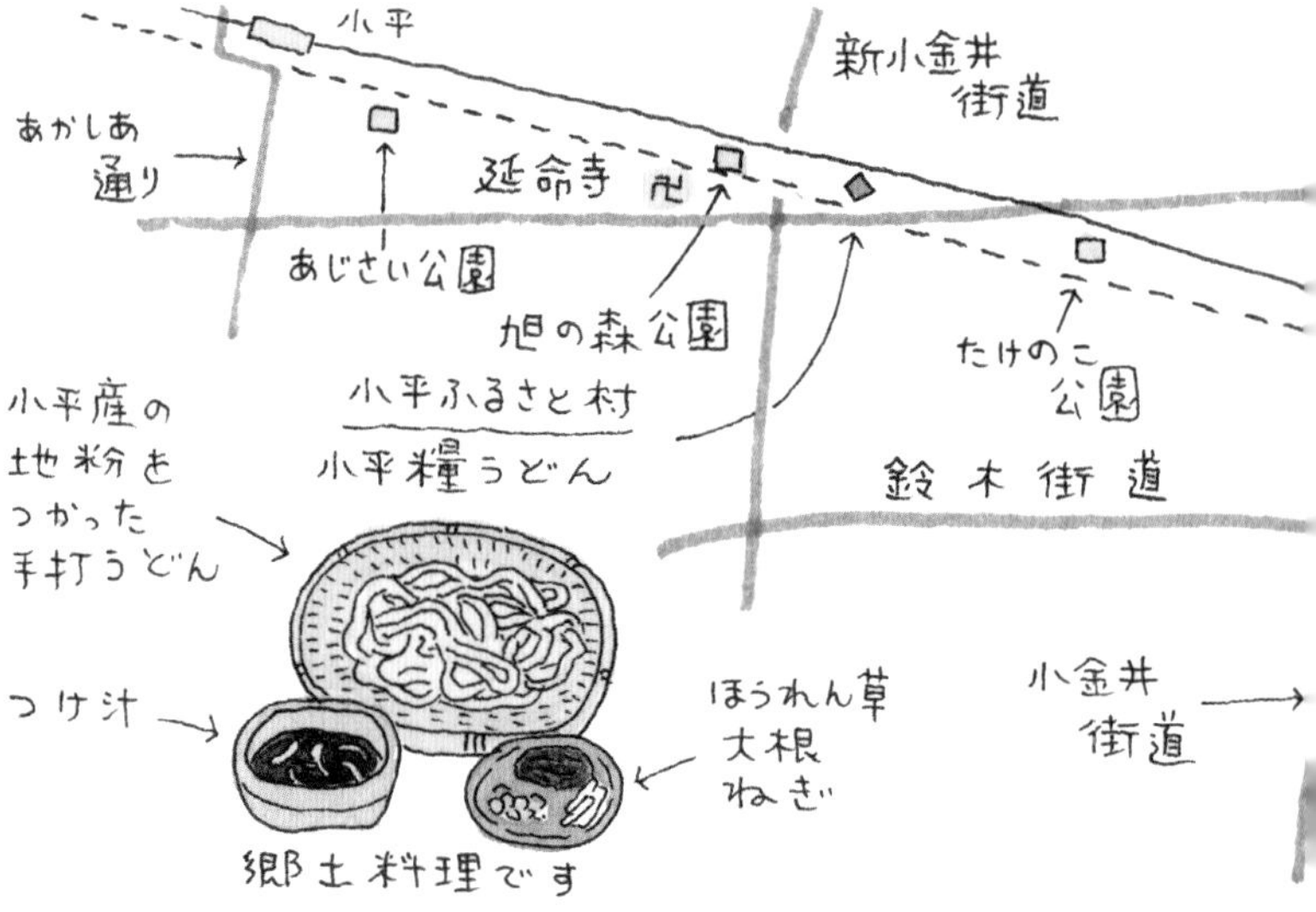

小平ふるさと村で地元の糧うどんを味わってみよう

枡形山

ますがたやま

神奈川県川崎市多摩区

標高84メートル

天然の山

駅近、雑木林、文句なしの大展望

多摩丘陵の東部に位置する生田《いくた》緑地に標高84メートルの枡形山がある。多摩西部から連

なる丘陵地なので、てっきり東京郊外だと思っていたら、それは早とちり。多摩川に沿った神奈川県川崎市に入る山域だった。

　都心から電車で20分、駅から登山口まで10分、さらに山頂まで15分。ざっと1時間内で枡形山を征服という計算になる。こんな駅近で、それでいて美しい雑木林と心地いい尾根道がある。そして文句なしの大展望。しかも、枡形山は歴史が詰まった、素晴らしい超低山である。

　新宿から小田急線に乗って向ヶ丘遊園駅へ。はじめて枡形山を登った14年前、降り立った向ヶ丘遊園の響きにどこかなつかしさを感じた。駅名は、かつて遊園地があったときのままだ。

　そう、たしか小学校のバス遠足で向ヶ丘遊園に行ったときのこと。どうしたことか、ぼくのクラスの乗ったバスが途中で車両トラブルを起こし、生徒を乗せたまま修理工場に入る羽目になったのだ。その日の遠足で覚えているのはそれだけ。

　当時は向ヶ丘遊園が生田緑地の一部になっているなんて知る由もなかった。

　ここに来たのはそれ以来ということになり、遠い記憶に頭がくらくらしそうになる。駅前から遊園正門駅まで、来園客を運んだ近未来的なモノレールも平成14年の閉園前に廃止になっている。現在、遊園地の跡地には「ドラ

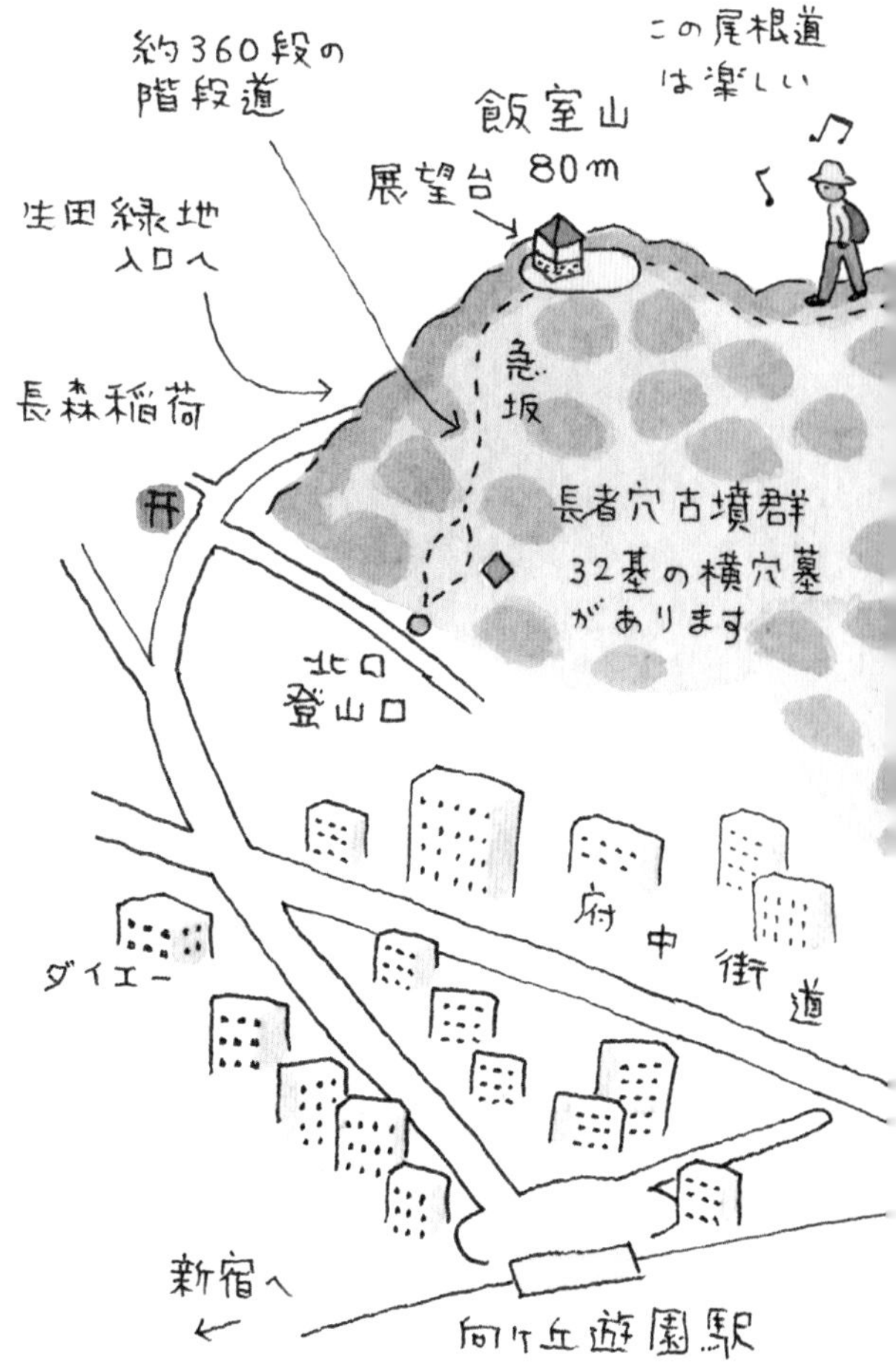

えもん」の漫画家、藤子・F・不二雄ミュージアムが平成23年にオープンし、向ヶ丘遊園駅前にはドラえもんの銅像が控えめに鎮座していた。

　以来、枡形山には季節を変えて何度か訪れた。

　広大な生田緑地の最高峰となる枡形山は、鎌倉時代の山城、枡形城があったところ。城主は北条政子の妹を妻とし、源頼朝の重臣だった稲毛《いなげ》三郎《さぶろう》重成《しげなり》。四方を急崖で囲まれた天然の要害をなし、山名はその地形が枡に似ていることから名付けられたとか。

　登山口は、駅に近い北面山麓からがおすすめだ。線路沿いを西に向かっていくと廣福寺に上がるくらやみ坂に出る。枡形城への登城路のこの坂は、生い茂る木々に陽光を遮られているため、くらやみ坂と呼ばれてきたが、今ではすっかり住宅の間を通る舗装道路になっており、すこぶる陽当たりは良好だ。

360°の大展望
方角を示す十二支が飾られています
枡形山展望台

　廣福寺は慈覚大師により承和年間（834〜848）に創建。枡形城主の稲毛三郎重成の館跡ともいわれている。ここから山頂城跡に最短の直登コースがある。800年の昔、武士たちが戦いのたびに駆け上がった道だ。寺を参拝していると西側にもうひとつ山門があって、その先に鳥居が見えた。小山に建つ北野天神社だ。石段を下って道草していくことにする。

『江戸名所図会』に、江戸末期の廣福寺と韋駄天山に天神社が描かれている。いまと同じように向き合い、奥には枡形山の姿がある。古くは韋駄天社といわれ、廣福寺の守護神として祀られている。

　天神社から曲がりくねった道は当時と変わらないように見える。住宅地を抜けると枡形山の森が迫ってきた。道標に従い石段を上がっていくと戸隠不動尊跡地に出た。焼失した今はモニュメントだけだが、参道のヤマザクラの並木は往時の姿を偲ばせている。

　生田緑地にはホタルの里や、ドングリの雑木林に湿地のハンノキ林。野草や昆虫、野鳥などの探勝路があるので季節に応じて散策しながら頂上を目指すといい。

　丘陵地には谷戸と呼ばれる谷間がいくつもあって、弥生時代には畑作や稲作をして暮らし、やがて集落になっていった。薪炭林《しんたんりん》のコナラやクヌギなどの雑木林は、昭和の半ばまで暮らしに役立てていたという。谷戸の湿地、湧水にはゲンジボタルやホトケドジョウなどの希少な生物が生息している。

　山頂は東西130メートル、南北80メートルの平らな広場になって、ぽつんと標高84メートルと記された石柱が立っていた。城跡の広場の入口には枡形門という名の冠木門が構えていて、城というより砦のような感じだ。

　南側には全国から集めた古民家などを移築した日本民家園や川崎生まれの芸術家・岡本太郎美術館などがあるので、多くの人はそこから上がってくるようだ。

　広場には、高さ15メートルほどの、櫓のような展望台が造られ、驚いたことに無料のエレベーターまで完備されている。展望台からの眺めは申し分ない。西側には奥多摩の山々が、さらに丹沢山塊から富士山が頭を突き出して見える。東に向けば東京スカイツリーに東京タワーも一望できる。欄干には十二支の動物の像があり、ぐるりと方角を示していた。

　ふたたび静けさを求めて尾根続きの飯室山に向かう。両側が切れた馬の背のような尾根道はもっとも山らしいところ。出城があったという標高80メートルの飯室山は、木立の中にこぢんまりとした頂で、北側に開けた東屋からは新宿方面が望めた。

東京スカイツリーも見えます
飯室山展望台
(あずまや)

　下山は急峻な谷間の木段を一気に下る。飯室山北麓には7世紀に築かれたという長者穴横穴古墳群が32基も発見され、草陰に入り口を開けていた。奥行約5メートル、幅約3メートルほどの横穴墓からは埋葬された人骨のほかに、金環、勾玉などの装飾品や鉄鏃などの武器が出土している。

　かつて枡形山に築かれた中世の山城から古代をつないだ長い階段を下りていくと、不意に現在の住宅街に飛び出した。

広大な生田緑地、ビジターセンターで情報を得ておこう

荒幡富士

あらはたふじ

埼玉県所沢市荒幡

標高119メートル

富士塚

すっくと美しい円錐型の小高い山

狭山丘陵の雑木林に、すっくと美しい円錐形の小高い山がある。「荒幡富士」と呼ばれる富士塚だ。都心からだと西武線に揺られ、西所沢経由で下山口に向かう。いきなり登山口の駅を「げざんぐち」と読みそうになるけれど、「しもやまぐち」が正解。となりの駅は西武ライオンズの本拠地、

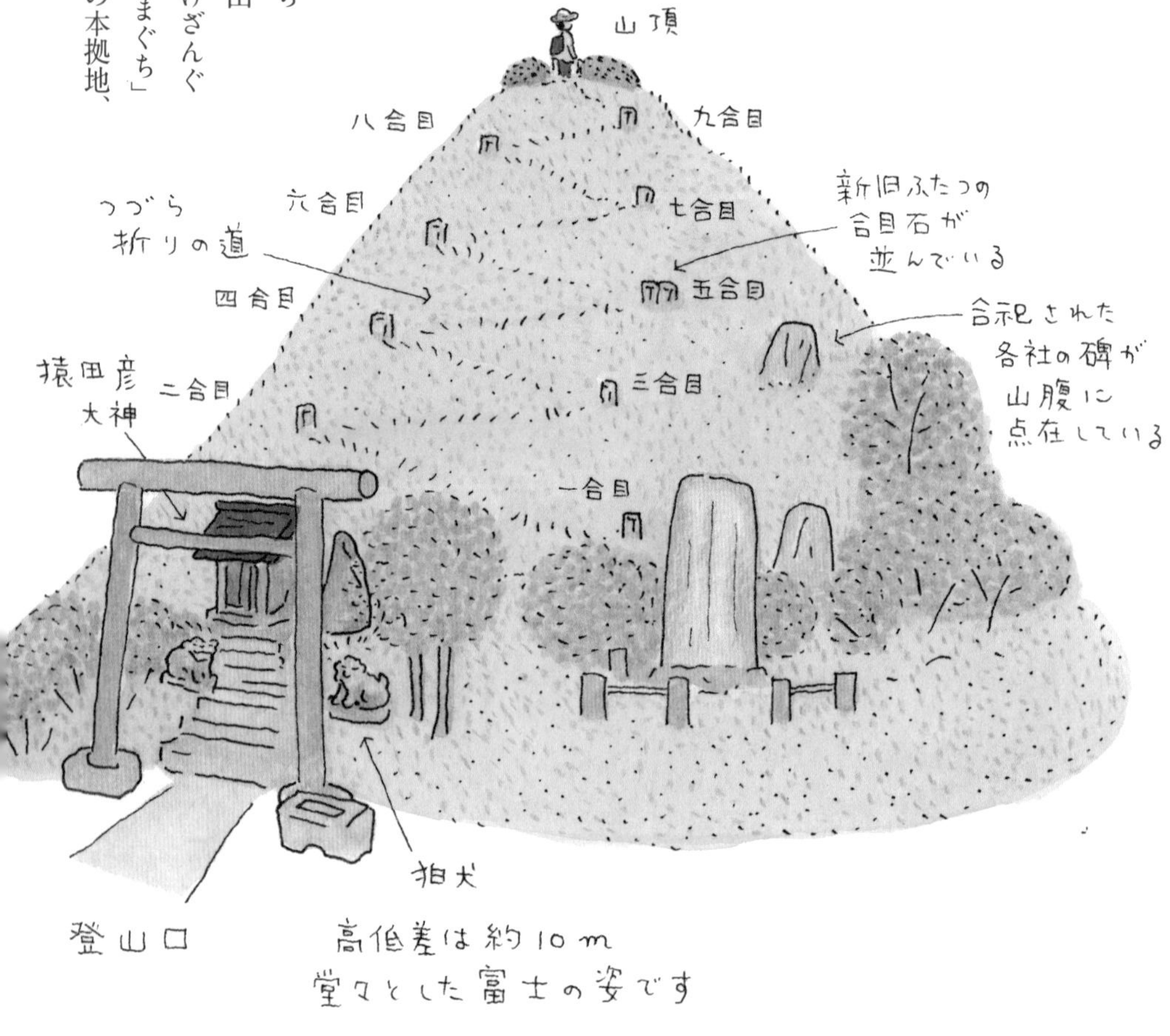

西武球場前駅だ。

下山口駅には、荒幡富士の案内図が用意されているのではじめての人はもらっておこう。新興住宅地の道は迷いやすいもの。要所要所にある道標と地図を照らし合わせながら丘陵地の高台に入ると、まわりは市民の森の雑木林に変わってくる。浅間神社に鎮座する荒幡富士はもうすぐだ。

広い空の下に浮かぶ荒幡富士は、地元では親しみを込めて「どろっぷじ」と呼ばれていて、なんとも心地よく温もりを感じる。ほかの富士塚にはない感覚だ。なぜだろう。そのわけはこの山の成り立ちにある。

かつて江戸のころには、荒幡村には浅間神社のほかに三嶋、氷川、神明、松尾の四つの神社が祀られていた。それが明治になるとお上のひと声で神社を等級化した社格制度により、村社は浅間神社ひとつだけになり、4社は無格社となった。拠り所のなくなった村民の心をひとつにするために行ったのが、現在の場所に浅間神社を移し、4社を合祀すること。それまであった元富士も村の

シンボルとして移築することだった。

「心をひとつに」。村民の思いはそれまであった元富士の何十倍も大きい富士山を造ることに力を合わせた。明治17年（1884）から15年間、のべ1万人の村人が総出で土を運び上げ、ザルに入れた土をつぎつぎと積み上げた。塚の中心には10メートルのヒノキの心柱を立てたという。明治32年、村人の思いは実を結び、ついに荒幡富士は完成した。

訪ねたときは、ちょうど荒幡富士保存会の有志が集まり、草刈り、剪定などの整備作業を行っていた。

「大切な山野草には、刈られないように目印をつけておくんです」と保存会のメンバーが言い、急峻な山腹に取り付き慣れた手つきで整えていく。そのようすは松の木とヤマツツジをあしらった巨大な盆栽を見ているかのようだ。

「すぐそこの集落で育ち、子どものころから、この富士山を眺めて遊んできました。みんなどろっぷじと呼んでね」と会長の澤田章二朗さんは目を細めた。

なるほど、泥を高く盛った富士だから「どろっぷじ」なんだ。ずっとこの富士塚と歩んできた人びとにとって、この山はとても大切な心のよりどころの山なのだと感じた。

これまでの富士講による富士塚とは異なり、村民のための富士塚が、この大らかさを生んでいる気がした。その思いは今も受け継がれ、6月と12月の清掃活動には地元の小中学校の生徒、町内会の人たち総出で行っている。前回は350人ほどが富士山の

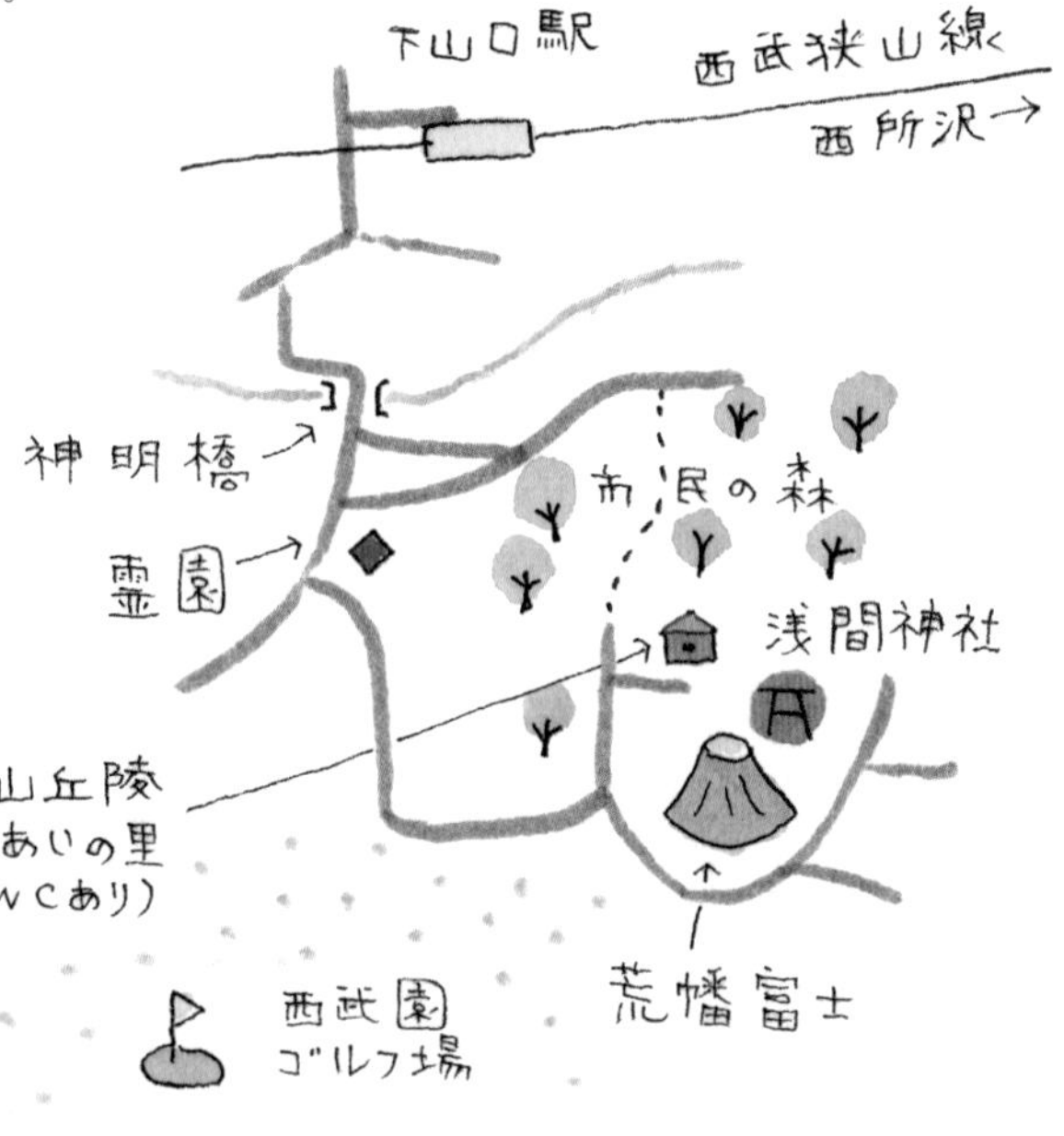

整備に参加したという。またその間には、保存会の方たちの活動が続けられている。

この日もたくさんの人たちが高さ10メートルの荒幡富士の頂をめざしていた。山麓からぐるりと富士を仰いでみたが、どこから眺めても大きく美しい。ミニチュアの富士の概念を越えたスケールといっていい。たぶんこれほどの規模の富士塚はそうないだろう。

登山道にはつづら折りの角ごとに、九つの合目石が置かれている。途中の5合目に新旧二つの合目石があるのは、大正12年（1923）の関東大震災で山が崩れ消失したままになっていたが、その後発見されたもの。

ところで富士塚には付き物の、溶岩の黒ボクが見当たらない。どちらかというと山野草をまとった富士山だ。すると「ひとつだけ溶岩があります」と、澤田会長が教えてくれたのが頂上直下の小さな岩隗だった。

石祠のある小広い山頂に立つと、遮るものは何もない眺望が待っていた。丹沢、奥多摩の山並みをはじめ、本家の富士山も望めて、なんだかご利益がありそうでうれしくなる。都心の方に向けば東京スカイツリーも姿勢よく立っている。とくに冬の季節は見通しがいい。

山腹にはいくつか石碑が立っていた。富士塚によくある富士登拝を記念した講碑ではなく、かつてあった四つの神社の名を刻んだものだった。合祀した証を示すように、村民の鎮守の神社はこの富士と心をひとつにして生き残っていた。

よく手入れされた「どろっぷじ」は、清々しく男前になっていた。ぼくはもう一度山頂に立ってみた。眼下にゴルフ場のグリーンが広がって見えた。昔々、そこには四つの神社があり、小さな富士があった。

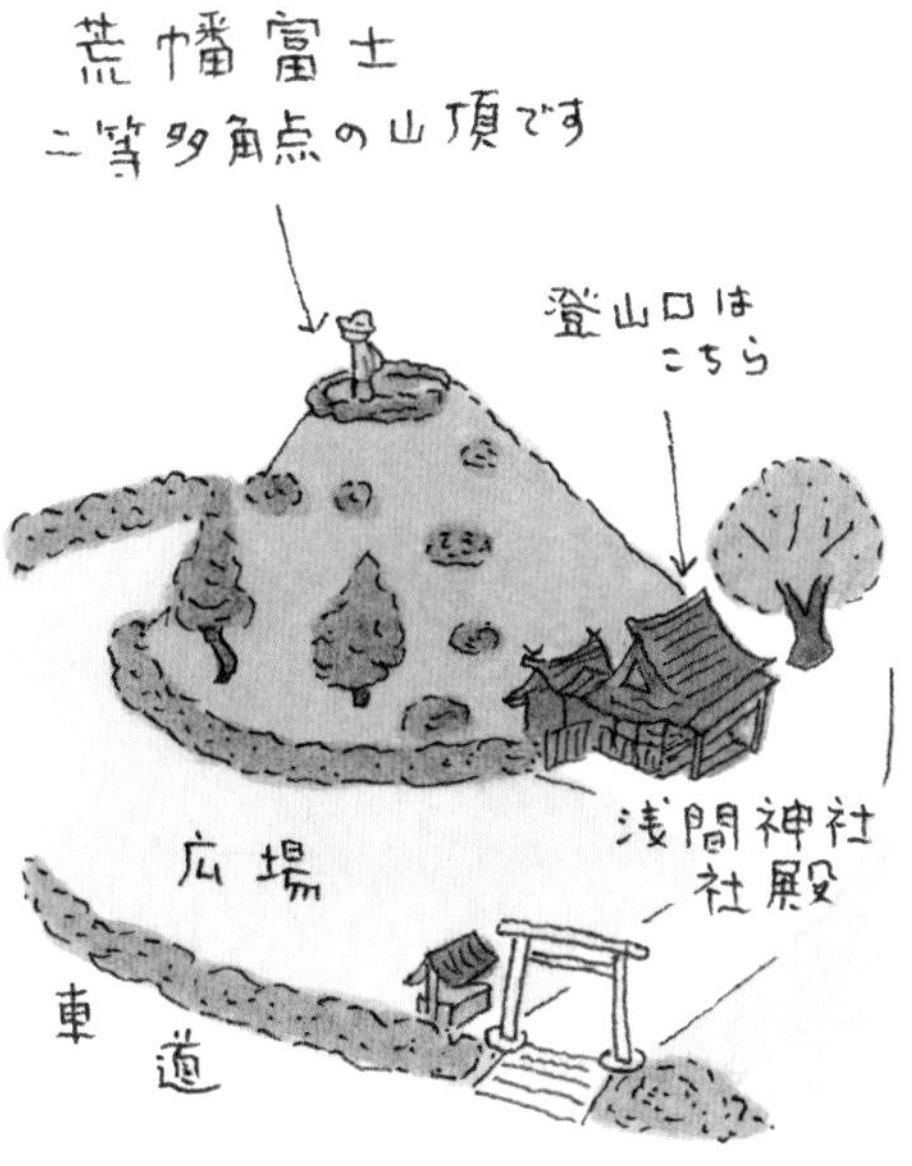

トトロの森や八国山（89・4メートル）などとつなげてもいい

付録　東京の超低山百名山リスト

城南五山

□**島津山**―標高29メートル―品川区東五反田3丁目（清泉女子大学）

□**花房山**―標高30メートル―品川区上大崎3丁目付近

□**御殿山**―標高19メートル―品川区北品川5丁目（原美術館付近）

□**池田山**―標高29メートル―品川区東五反田5丁目（池田山公園）

□**八ツ山**―標高25メートル―港区高輪4丁目（開東閣付近）

山手アルプス

□**椿山**―標高28メートル―文京区関口2丁目（椿山荘内）

□**三島山**―高さ6メートル―新宿区西早稲田3丁目（甘泉園公園内）

□**阿弥陀山**―標高23メートル―新宿区西早稲田2丁目（穴八幡宮）

□**荒井山**―標高25メートル―新宿区西早稲田2丁目（現在公園）

□**天神山**―標高34メートル―新宿区新宿6丁目（東大久保西向天神）

□**箱根山**―標高44・6メートル―新宿区戸山2丁目（戸山公園内）

下町アルプス

□**飛鳥山**―標高25・4メートル―北区（飛鳥山公園内）

□**亀山**―標高24メートル―北区王子本町（名主の滝公園上部）

□**舟山・御殿山**―標高25メートル―北区西ヶ原2丁目（滝野川公園付近）

□**平塚山**―標高26メートル―北区上中里1丁目（平塚神社境内）

□**道灌山**―標高22メートル―荒川区西日暮里4丁目（開成学園付近）

□**新堀山**―標高21メートル―荒川区西日暮里3丁目（諏方神社付近）

□**大仏山**―標高20メートル―台東区（上野公園内）

□**摺鉢山**―標高24・5メートル　＊上野の山最高峰―台東区（上野公園内）

東京アルプス

□**芝丸山**―標高22メートル―港区芝公園4丁目

□**紅葉山**―標高20メートル―港区芝公園4丁目

□**観音山**―消滅―港区芝公園4丁目（増上寺裏付近）

□**西久保八幡山**―標高22メートル―港区虎ノ門5丁目（八幡神社境内）

□**地蔵山**―消滅―港区芝公園3丁目（東京プリンスホテル裏手）

□**東京タワー**―高さ３３３メートル　登高差１５０メートル―港区芝公園4丁目

□**含海山**―標高25メートル―港区愛宕2丁目（青松寺裏山）

□**愛宕山**―標高26メートル―港区愛宕1丁目（愛宕神社境内に三角点あり）

都内の山

□ **富士見山**―高さ5《メートル》―中央区浜離宮庭園1丁目 ＊浜離宮三山
□ **新樋の口山**―高さ5《メートル》―浜離宮三山
□ **御亭山**―高さ5《メートル》―浜離宮三山
□ **大山**―高さ5《メートル》―港区海岸1丁目（旧芝離宮恩賜庭園内）
□ **紅葉山**―標高29《メートル》―皇居内
□ **藤代峠**―標高35《メートル》―文京区駒込6丁目（六義園内）
□ **富士山**―高さ5《メートル》―江東区清澄3丁目（清澄庭園内）
□ **小盧山**―標高10《メートル》―文京区後楽1丁目（小石川後楽園内）
□ **愛宕山**―標高17《メートル》―文京区後楽1丁目（小石川後楽園内）
□ **丸山**―標高22《メートル》―文京区西片付近 ＊住宅地
□ **権現山**―標高34《メートル》―文京区大塚5丁目（護国寺豊島岡墓地）
□ **久世山**―標高30《メートル》―文京区小日向2丁目付近 ＊住宅地、名坂多し
□ **待乳山**―標高9・8《メートル》―台東区浅草7丁目（待乳山聖天）
□ **富士山縦覧場**―消滅（高さ33《メートル》）―台東区浅草1丁目
□ **浅草富士**―高さ1・5《メートル》―台東区浅草5丁目（浅草富士浅間神社内）
□ **弁天山**―標高5・8《メートル》―台東区浅草2丁目（浅草寺境内）
□ **三笠山**―標高9《メートル》―千代田区（日比谷公園内）
□ **つつじ山**―標高5《メートル》―千代田区（日比谷公園内）
□ **阿部山**―標高27《メートル》―港区西麻布3丁目（お馬さんの碑一帯）
□ **おとめ山**―標高33《メートル》―新宿区下落合2丁目（おとめ山公園）
□ **大山**―標高28《メートル》―
板橋区加賀1丁目（加賀公園加賀藩前田家下屋敷跡）
□ **茂呂山**―標高34《メートル》―板橋区小茂根5丁目（公園内）
□ **志村城山**―標高24《メートル》―板橋区志村2丁目（城跡）

□ **代々木八幡宮 宝珠山「福泉寺山号」**―標高37《メートル》―
渋谷区代々木5丁目（境内）
□ **諏訪山**―標高27《メートル》―目黒区上目黒3丁目付近
□ **大塚山**―標高26《メートル》―目黒区目黒4丁目（大塚山公園 ＊古墳跡）
□ **騎兵山**―標高32《メートル》―世田谷区池尻4丁目
□ **多聞山**―標高33《メートル》―世田谷区三宿2丁目（三宿神社 三宿の森緑地）
□ **土佐山**―標高15・6《メートル》―品川区東大井4丁目（大井公園内）
□ **江戸川富士**―標高11《メートル》―江戸川区南葛西6丁目（富士公園内築山）
□ **桜山**―標高30《メートル》―大田区南千束2丁目（洗足池公園内）
□ **紅葉山**―標高37《メートル》―中野区中野2丁目（現在公園になっている）

代官山トレイル

□ **西郷山**―標高36《メートル》―目黒区青葉台2丁目（西郷山公園内）
□ **目黒富士**―高さ12《メートル》―目黒区大橋2丁目上目（黒氷川神社境内）
□ **目黒元富士跡**―消滅―目黒区上目黒1丁目
□ **目黒新富士跡**―消滅―目黒区中目黒2丁目
□ **猿楽塚**―高さ5《メートル》―渋谷区猿楽町ヒルサイドテラス内

渓谷ハイキング（等々力渓谷）

□ **大塚山・古墳**―高さ11《メートル》―世田谷区野毛1丁目（玉川野毛町公園内）
□ **御岳山・古墳**―高さ7《メートル》―世田谷区等々力1丁目

富士塚（都内）

□**千駄ヶ谷富士**―高さ6メートル―
渋谷区千駄ヶ谷1丁目（鳩森八幡神社境内）

□**品川富士**―高さ7メートル、地上より15メートル―
品川区北品川3丁目（品川神社境内）

□**江古田富士**―高さ8メートル―練馬区小竹町1丁目茅原（浅間神社境内）

□**下練馬富士**―高さ5メートル―練馬区北町2丁目（浅間神社境内）

□**大泉富士**―高さ12メートル―練馬区大泉町1丁目（八坂神社境内）

□**長崎富士**―高さ8メートル―豊島区高松2丁目（浅間神社境内）

□**池袋富士**―高さ5メートル―豊島区池袋本町3丁目（池袋氷川神社境内）

□**鉄砲洲富士**―高さ5・4メートル―
中央区湊1丁目築地（鉄砲洲稲荷神社境内）

□**駒込富士**―高さ7メートル―文京区本駒込5丁目（富士神社境内）

□**音羽富士**―高さ7メートル―文京区大塚5丁目（護国寺境内）

□**白山富士**―高さ4メートル―文京区白山5丁目（白山神社境内）

□**東大久保富士**―高さ10メートル―
新宿区新宿6丁目（東大久保西向天神境内）

□**西大久保富士**―高さ2メートル―
新宿区歌舞伎町2丁目（稲荷鬼王神社境内）

□**新宿富士**―高さ1・5メートル―新宿区新宿5丁目（花園神社境内）

□**成子富士**―高さ12メートル―新宿区西新宿8丁目（成子天神社境内）

□**高田富士**―高さ6メートル―
新宿区西早稲田3丁目（水稲荷神社 ＊移築）

□**下谷坂本富士**―高さ6メートル―台東区下谷2丁目（小野照崎神社境内）

□**十条富士**―高さ5メートル―北区中十条2丁目（十条富士神社境内）

□**砂町富士**―高さ5メートル―江東区南砂7丁目

郊外

□**境富士**―高さ5メートル―武蔵野市境南2丁目（杵築大社境内）

□**くじら山**―標高53メートル―小金井市前原町2丁目（武蔵野公園内）

□**浅間山・堂山**―標高79・6メートル―府中市若松町5丁目（浅間山公園内）

□**中山**―標高74メートル―（浅間山公園内）

□**前山**―標高77・8メートル―（浅間山公園内）

□**カニ山**―標高約50メートル―調布市深大寺南町2丁目（深大寺自然広場）

□**馬の背**―高さ5メートル―小平市花小金井南町3丁目（狭山・境緑道）

□**枡形山**―標高84メートル―川崎市多摩区枡形（生田緑地）

□**飯室山**―標高80メートル―川崎市多摩区枡形（生田緑地）

□**韋駄天山**―標高42メートル―川崎市多摩区（枡形天神社）

□**金比羅山**―高さ15メートル―立川市砂川3丁目 ＊立川市唯一の山（人造）

□**荒幡富士**―標高119メートル―所沢市荒幡748

□**八国山**―標高89・4メートル―東村山市諏訪町・多摩湖町

□**狭山富士**―標高151メートル ＊山頂部崩壊―東大和市多摩湖3

□**駒形富士山**―標高194メートル ＊高低差50メートルほど―西多摩郡瑞穂町

※標高・高さは一部推定のものがあります。

中《なか》村《むら》みつを

1953年、東京生まれ。イラストレーター、画家。自然や旅をテーマにした、イラストとエッセイの作品を多く手がける。これまでにヒマラヤをはじめ、ヨーロッパアルプス、南米パタゴニアなどを旅する。読売新聞連載の「一歩二歩山歩」（文・みなみらんぼう）に挿絵を21年間描く。1998年、丸善日本橋店での原画展を皮切りに、各地で個展を開催。著書に『のんびり山に陽はのぼる』（山と溪谷社）、『山旅の絵本』（JTBパブリッシング）、『お江戸超低山さんぽ』（書肆侃侃房）、『森のくらし』（二見書房）、共著に『ビビ』、『ビビのアフリカ旅行』（ポプラ社）、『山の名前っておもしろい！』（実業之日本社）、『きせつのあそび』（理論社）など多数。日本山岳会会員。

新装版
東京まちなか超低山《ちょうていざん》
50メートル以下、都会の名山100を登る

2018年3月15日　初版第1刷発行
2021年5月25日　新装版第1刷発行

著者　中村みつを
デザイン　芝 晶子（文京図案室）
発行者　廣嶋武人
発行所　株式会社ぺりかん社
〒113-0033
東京都文京区本郷1丁目28番36号
☎03-3814-8515（営業）
☎03-3814-8732（編集）
http://www.perikansha.co.jp/
印刷・製本所　株式会社太平印刷社

ISBN978-4-8315-1593-3